GEMEINER REGENWURM (Tauwurm)

Was sind Regenwürmer?
Regenwürmer sind gegliederte Würmer. Der rosa Tauwurm kommt bei uns am häufigsten vor, es gibt aber noch viele andere Regenwurmarten. Regenwürmer haben keine Knochen, aber dafür ganz viele Muskeln und sind superstark. Durch Strecken und Zusammenziehen können sie vorankriechen. Winzige Borsten verhindern, dass sie dabei abrutschen. Wenn ihnen zu warm oder zu kalt ist, rollen sie sich zu einem Knoten zusammen. Regenwürmer haben zehn Herzen.

Wo leben Regenwürmer und was fressen sie?
Regenwürmer schlüpfen aus kleinen Kokons. Sie leben in der Erde und buddeln dort weit verzweigte Wohngänge und Röhren. Dadurch wird der Boden prima aufgelockert und durchgemischt. Regenwürmer ziehen welke Blätter in ihren Wohngang und futtern sie auf. In ihrem Darm stellen sie daraus beste Humuserde her, die hinten als gekringeltes Häufchen herauskommt. Wo viele Regenwürmer in der Erde sind, wachsen die Pflanzen besonders gut.

Welche Superkräfte besitzen Regenwürmer?
Regenwürmer sind perfekt an das Leben im Erdboden angepasst und haben am ganzen Körper Sinneszellen. Damit können sie hell und dunkel unterscheiden. Sie können sogar riechen, ob etwas appetitlich duftet oder giftig stinkt. Sie besitzen auch einen Gravitationssinn, mit dem sie erkennen können, wo oben und unten ist. So finden sie sich problemlos in der Dunkelheit unter der Erde zurecht.

SCHLAUBERGERVORTRAG VON HERRN GÜNTER

Der Originaltitel erschien 2022 unter gleichem Titel bei Dragonfly.

Bisher erschienen:
Was machen die Tiere zu welcher Jahreszeit? (Band 5)
Warum verkleiden sich Tiere? (Band 4)
Warum blinken Glühwürmchen? (Band 3)
Warum pupsen Schnecken (Band 2)
Warum haben Regenwürmer Superkräfte? (Band 1)

Die kleine Schnecke auf den Seiten zeigt an, wann man beim Vorlesen sehr gut eine Pause machen kann.

1. Auflage 2024

Mit freundlicher Unterstützung von Brotmann & Töchter GmbH
und Universal Music Family Entertainment
Einband und Illustrationen: Barbara Fisinger
Fachberatung: Dipl.-Biol. Ralf Rasch
Satz: Simone Horlacher/HarperCollins
Druck und Bindung: PnB Print Ltd.
Printed in Latvia · ISBN 978-3-7488-0210-5

www.schneiderbuch.de
Facebook: facebook.de/schneiderbuch
Instagram: @schneiderbuchverlag

Druckprodukt mit finanziellem Klimabeitrag
ClimatePartner.com/15109-2009-1001

FSC www.fsc.org MIX Papier | Fördert gute Waldnutzung FSC® C084698

KATI NAUMANN

Die kleine Schnecke MONIKA HÄUSCHEN

WARUM HABEN REGENWÜRMER SUPERKRÄFTE?

4 Sachgeschichten zum Staunen und Lachen

Mit Illustrationen von
Barbara Fisinger

SCHNEIDERBUCH

1.

Monika Häuschen hat Geburtstag

Die Sonne leuchtete warm und hell über dem Garten, aber der kleine Regenwurm Schorsch merkte nichts davon. Er schlief nämlich unter der Erde neben dem Gemüsebeet. Dort war es kühl, dunkel und ein bisschen matschig. Also sehr gemütlich für einen Regenwurm. Die Wände in seinem Wohngang hatte er mit weicher Erde tapeziert, und an einer Stelle ragte eine Löwenzahnwurzel heraus. Die benutzte Schorsch als Kleiderhaken. Er hängte immer seine Kappe daran auf, damit sie nicht verloren ging. In diesem Moment ruckelte die Löwenzahnwurzel über ihm, und er wurde geweckt.

»Stör mich nicht!«, brummte Schorsch verschlafen. »Ich spiele gerade mit meinem Opa!« Er streckte sich und merkte, dass er nur geträumt hatte. Plötzlich sah er, wie sich seine Kappe bewegte. Na so was! Da zog jemand oben an der Löwenzahnwurzel!

»He!«, rief Schorsch und klammerte sich an die Kappe. Aber von oben zerrte jemand mit sehr viel Kraft am Löwenzahn. Dieser Jemand war stärker als Schorsch. Deshalb wurde der kleine Regenwurm zusammen mit seiner Kappe und der Wurzel aus der Erde gezogen. Plopp!

»So eine Frechheit«, regte sich Schorsch auf. »Wer war das?« Er blinzelte in die Sonne und entdeckte am anderen Ende von seinem Löwenzahnkleiderhaken einen ziemlich großen, sehr dicken Vogel. Er hatte ein elegantes graues Gefieder und einen Furcht einflößenden Schnabel.

In diesem Moment fiel Schorsch ein, dass manche Vögel Regenwürmer fressen. »So ein Mist aber auch!«, rief er.

»Was ist denn passiert?«, wollte der Vogel wissen und kam bedrohlich nah. Er legte den Kopf schräg und fixierte Schorsch durch seine Brillengläser. »Ich bin übrigens Herr Günter.«

»Lassen Sie mich bloß in Ruhe!«, forderte Schorsch, setzte schnell seine Kappe auf und kroch von dem gefährlichen Vogel weg. »Oder ich sag es meinem großen, starken Freund!«

Herr Günter blickte sich verunsichert im Garten um. Außer ein paar Bienen und Schmetterlingen konnte er niemanden entdecken. »Wo ist denn dein großer, starker Freund?«, wollte er wissen.

»Der ... der kommt bestimmt gleich!«, stotterte Schorsch.

»Vielleicht kann ich dir inzwischen helfen«, bot Herr Günter an. »Ich kenne sämtliche Tricks, die Tiere zu ihrer Verteidigung anwenden. Auf einer meiner weiten und sehr bildenden Reisen in den warmen Süden habe ich vom Opossum gehört.«

»Hä?« Schorsch starrte den dicken Vogel an. Was wollte dieser Herr Günter eigentlich von ihm?

So verteidigen sich die Tiere

Opossum: Ich stelle mich tot, um nicht gefressen zu werden.

Igel: An meinen Stacheln beißt sich jeder die Zähne aus!

Kröte: Ich schlucke Luft und puste mich auf, damit alle Angst vor mir bekommen!

Stinktier: Ich werfe eine Stinkbombe, die vertreibt alle!

Eidechse: Ätsch! Du hast bloß meinen Schwanz erwischt, und der wächst wieder nach!

»Das Opossum«, erklärte der Graugänserich und machte dabei ein wichtiges Gesicht, »stellt sich bei Gefahr einfach tot.«

»So vielleicht?«, fragte Schorsch. Er warf sich auf die Erde und ließ seine Zunge aus dem Mund hängen. »Das ist aber ganz schön unbequem«, meckerte er, wobei er sich beinah auf die Zunge biss.

Herr Günter dachte kurz nach und sagte dann: »Du könntest es auch wie das Stinktier machen. Wenn sich ein Stinktier bedroht fühlt, verspritzt es eine übel riechende Flüssigkeit.« Er schüttelte sich. »Ekelhaft!«

Schorsch musste lachen. »Stinken ist lustig! Das will ich gleich mal ausprobieren!« Er drückte so doll, dass er einen ganz roten Kopf kriegte. Aber leider kamen aus seinem Po nur ein paar Erdkrümelchen.

»Du bist ein schwieriger Fall«, stellte Herr Günter fest und ordnete sein Gefieder. »Dann sehe ich nur noch eine Möglichkeit. Du musst es wie die Eidechse machen. Sie wirft ihren Schwanz ab und rettet sich dadurch.«

Schorsch war entsetzt. »Was?«, rief er. »Ich soll mein Regenwurmschwanzspitzenzipfelchen abwerfen? Das

brauche ich noch. Ich weiß was viel Besseres. Ich werde einfach schimpfen!«

»Wozu soll das denn gut sein?«, wunderte sich Herr Günter. »So ein Unsinn!«

»Ist doch klar wie Tümpelbrühe. Damit verderbe ich Ihnen den Appetit!«, erklärte Schorsch. Und dann schimpfte er so laut, dass die Spatzen im Pflaumenbaum erschrocken davonstoben: »So ein Mist aber auch!«, meckerte Schorsch. »So ein Pferdeapfelmist! So ein großer, grüner Pferdeapfelmist aber auch!«

Herr Günter hörte sich das eine Weile an. Dann sagte er: »Da kannst du lange schimpfen. Mir verdirbt so gut wie nichts den Appetit.« Er zupfte an einem Salatkopf herum, der neben ihm im Gemüsebeet wuchs, bis nur noch der dicke Stängel in der Mitte stehen blieb. »Aber keine Sorge, ich bin eine Gans«, versicherte er und schmatzte dabei. »Auf meiner Speisekarte stehen nur Pflanzen. Als Vorspeise, als Hauptgericht und als Nachtisch.« Während er das sagte, schnappte er sich

einen grünen Sauerampfer, ein grünes Kleeblatt, einen grünen Grashalm und ein paar grüne Knospen. »Ich liebe Grünzeug!«

»Puh!«, machte Schorsch erleichtert und guckte an sich herunter. »Bloß gut! Ich bin rosa und kein bisschen grün.«

Herr Günter futterte immer weiter. Alles verschwand in seinem Schnabel und am Ende auch Schorschs Löwenzahn mitsamt Wurzel. Wie gut, dass die Mütze nicht mehr daran hing.

»Halt!«, rief Schorsch entrüstet. »Sie haben meinen Kleiderhaken gefressen!«

»Er hat so gut gerochen!« Herr Günter rülpste ein bisschen. Schorsch guckte sehr grimmig. »Und Sie haben auch noch meinen Wohngang kaputt gemacht.«

Herr Günter zuckte mit den Flügeln und stellte fest: »Du bist ein Meckerwurm.«

»Und Sie sind ein Vielfraß!«

Beleidigt drehten die beiden einander ihre Hinterteile zu und beschlossen, sich in Zukunft aus dem Weg zu gehen. Ein Vogel und ein Wurm, das passte einfach nicht zusammen. Selbst wenn dieser Vogel nur Grünzeug fraß.

Jetzt musste sich Schorsch dringend einen neuen Wohngang graben. Er guckte sich nach einer passenden Stelle um. Auf der einen Seite stand der Hühnerstall, dem wollte er nicht zu nah kommen. Der Kiesweg führte über die Wiese zum Gartenzaun, aber dort wuchs eine Brombeerhecke mit vielen Stacheln. Also blieb nur noch die Erde neben dem Gemüsebeet. Schlecht gelaunt buddelte Schorsch dort herum, als er plötzlich auf ein weißes Ding stieß. Neugierig betrachtete er dieses Ding von allen Seiten. Es hatte nicht eine einzige Ecke und war überall rund. »Prima!«, verkündete der kleine Regenwurm fröhlich. »Ich habe einen Ball gefunden!«

»Schön für dich«, sagte Herr Günter. »Aber mit dir rede ich nicht mehr. Du hast mich Vielfraß genannt.«

Er lief ein paar Schritte ins Gemüsebeet und futterte noch mehr grüne Blätter. Schorsch buddelte weiter. Plötzlich hielt er inne. »Komisch. Ich habe viele Bälle gefunden. Ziemlich viele sogar.«

Nun wurde Herr Günter doch ein wenig neugierig. Er stolzierte herbei und sah sich die kleinen weißen Bällchen genauer an. »Es sind 37 Stück«, stellte er fest.

»Hab ich doch gesagt«, behauptete Schorsch und freute sich. »Juhu! Jetzt kann ich Fußball spielen!«

Herr Günter betrachtete Schorsch von oben bis unten. »Da gibt es ein Problem: Ein Regenwurm hat keinen Fuß.«

Schorsch streckte ihm die Zunge heraus. »Na und? Dann spiele ich eben Handball.«

»Ein Regenwurm hat auch keine

Hand«, erinnerte ihn Herr Günter. »Und mit diesen Bällen würde ich nicht spielen.«

»Sie dürfen sowieso nicht mitmachen«, erklärte Schorsch pampig. »Das sind nämlich meine Bälle, ich habe sie gefunden!«

»Pah! Du wirst schon sehen, was du davon hast«, empörte sich Herr Günter. Er drehte dem Regenwurm seinen Bürzel zu und steckte den Kopf wieder in den Salat. Schorsch versuchte inzwischen, die kleinen weißen Bälle zu kicken. Er besaß zwar weder einen Fuß noch eine Hand, aber dafür ein sehr praktisches Regenwurmschwanzspitzenzipfelchen. Und mit dem konnte er so ziemlich alles machen. Sich am Kopf kratzen, in der Erde bohren und natürlich auch einen Ball anschubsen. Er holte ordentlich aus und schoss das Bällchen gegen einen Maulwurfshügel.

»Toooor!«, brüllte Schorsch begeistert. Dann entdeckte er, dass die schöne Kugel bei seinem Schuss kaputtgegangen war. »So ein Mist aber auch«, ärgerte er sich und nahm sich den nächsten Ball vor. Zum Glück lagen genug davon herum. Aber gerade, als er dagegenkicken wollte, bekam der Ball einen Riss. »Komisch«, brummte Schorsch. »Diesmal war ich es aber nicht.« Und dann sah er, dass ein Ball nach dem anderen platzte. Schorsch wurde ein wenig mulmig zumute.

»Herr Günter?«, fragte er kleinlaut. »Was hat das zu bedeuten?«

Der gelehrte Graugänserich rückte seine Brille auf dem Schnabel zurecht und sah genauer hin. »Ich hab es dir ja gesagt! Aber du wolltest nicht auf mich hören. Das hier sind keine Spielbälle, sondern Eier!«

Schorsch kicherte. »Quark mit Quatschsoße. So sehen doch keine Eier aus. Die Dinger sind rund und kein bisschen eierig.«

»Eier können ganz unterschiedlich aussehen«, erklärte Herr Günter und zeichnete für Schorsch ver-

Größenunterschiede

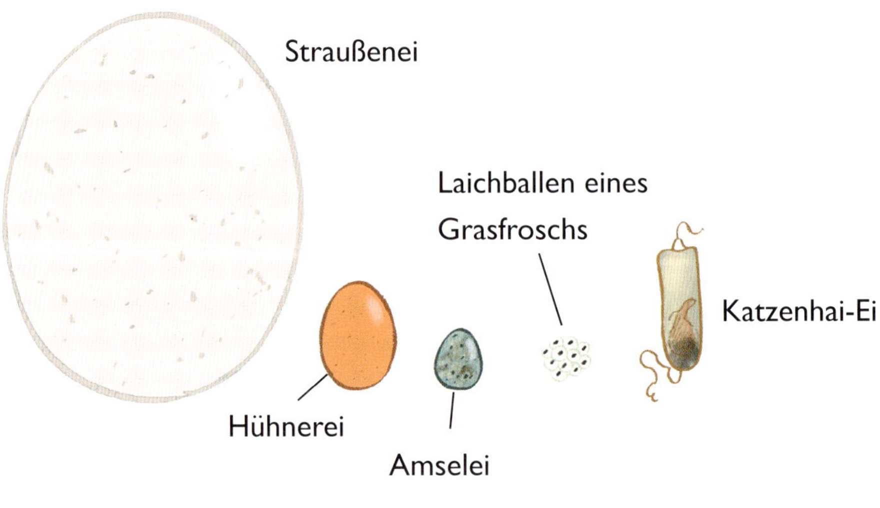

schiedene Eierformen auf den Kiesweg neben dem Gemüsebeet, große, kleine, runde, spitze und sogar eckige. Der Regenwurm staunte.

Aber da platzte schon die nächste kleine Kugel auf, und ein winziges Wesen kroch heraus. »Was ist denn das?«, fragte Schorsch erschrocken. Er beugte sich nach unten und erkannte eine kleine, durchsichtige Schnecke. Sie trug ein winziges Schneckenhaus auf ihrem Rücken.

»Du hast Schneckeneier gefunden«, stellte Herr Günter fest. »Das ist interessant!«

»Nö. Das ist ungerecht«, regte sich Schorsch auf. »Ich wollte mit einem Ball spielen und nicht mit einem doofen Schneckenei.«

Mittlerweile waren alle Schnecken geschlüpft und krochen im Moos herum. Schorsch wollte sie genauer angucken, da entdeckte er plötzlich etwas. Auf der Erde lag noch eine allerletzte weiße Kugel. »Komisch«, wunderte sich der Regenwurm, und auch Herr Günter hob ratlos seine Flügel. Beide beugten sich über das Ei. In der durchscheinenden Hülle entdeckten sie eine winzige Schnirkelschnecke. Sie hatte sich gemütlich zusammengekuschelt und schien zu schlafen.

»Da ist ein Baby drin!«, rief Schorsch aufgeregt und

dachte gar nicht mehr daran, dass Herr Günter seinen Kleiderhaken gefressen und seinen Wohngang kaputt gemacht hatte.

»Hoffentlich geht es ihm gut«, sagte Herr Günter und vergaß, dass Schorsch ihn Vielfraß genannt hatte.

Schorsch sah sich suchend um: »Wo ist denn die Schneckenmama?«

Herr Günter erklärte, dass sich Schnecken gar nicht um ihren Nachwuchs kümmern mussten. Das erledigte die Natur nämlich ganz allein. Aber in diesem Fall schien das leider nicht zu klappen. Das Ei glänzte in der Sonne und hatte nicht einen einzigen Riss.

»Was ist, wenn das Baby nicht aus der Eierschale herauskommt?«, wollte Schorsch wissen. Er hoffte, dass dem klugen Herrn Günter etwas Schlaues einfallen würde.

Aber der schüttelte den Kopf: »Wir sollten uns lieber nicht einmischen. Ich fürchte, es gibt nichts, was man da tun kann.«

Wie werden Schnecken geboren?
Schnecken legen bis zu 100 Eier in einem Versteck unter der Erde ab. Wenn aus diesen Eiern später winzige Babyschnecken schlüpfen, haben sie schon ein Häuschen. Das ist aber in den ersten Tagen noch durchsichtig und ganz weich.

»Quark mit Quatschsoße«, regte sich

Schorsch auf. »Man kann immer was tun. Los! Wir retten die kleine Schnecke!«

Er rief das ganz laut und kämpferisch, und da merkte Herr Günter, dass ein mutiger Draufgänger wie Schorsch gar nicht so verkehrt war. »Du hast recht, Schorsch!«, sagte er.

Gemeinsam überlegten sie, wie sie der kleinen Schnecke helfen konnten.

»Ich hab's«, sagte Herr Günter plötzlich. »Vögel brüten ihre Eier aus, indem sie sich draufsetzen und sie wärmen.« Er versuchte, sich auf das winzige Ei zu hocken.

»Halt!«, rief Schorsch. »Sie zerdrücken das Ei ja mit ihrem dicken Gänsepopo.«

»Ich bin nicht dick!« Herr Günter wurde ein bisschen rot. »Lediglich stattlich.« Die Babyschnecke schlief immer noch friedlich in ihrem Ei, und inzwischen strahlte die Sonne mit voller Kraft vom Himmel.

Schorsch befühlte das Ei. Es war sehr warm. Er überlegte: »Ob es Fieber hat? Vielleicht sollten wir es kühlen?« Er fächelte dem Ei mit einem Blatt Luft zu.

»So ein Unsinn«, sagte Herr Günter und zog Schorsch das Blatt weg.

»He! Das war meins. Geben Sie es zurück!«, forderte Schorsch.

»Zu spät!« Herr Günter schluckte das Blatt mit einem Happs herunter.

Die beiden begannen, lautstark zu streiten, und bemerkten nicht, dass hinter ihnen das Gras wackelte. Jemand beobachtete sie und schlich sich an das Ei heran. Es war ein Tausendfüßler!

»Nimmersatt!«

»Sauertopf!«

»Gierschnabel!«

»Miesepeter!«

Der Tausendfüßler hatte inzwischen das Ei erreicht. Er stellte sich auf seine vielen Zehenspitzen und begann, das Ei ganz leise wegzurollen.

»Schrei nicht so rum«, sagte Herr Günter schließlich zu Schorsch. »Du erschreckst das Baby.«

Beide drehten sich zu dem Schneckenei um. Aber es

war weg! Der Tausendfüßler war damit schon bis zum Komposthaufen gekommen.

»Haltet den Dieb!«, schrie Schorsch und kroch hektisch hinterher. Leider kommt ein Regenwurm nicht besonders schnell voran. Aber zum Glück hat ein Gänserich Flügel.

Herr Günter flatterte los und stellte sich dem Tausendfüßler in den Weg. »Das ist unser Ei!«, rief er.

»Jetzt ist es meins«, gab der Tausendfüßler frech zurück und umklammerte das Ei.

»Lass sofort los!«, forderte Herr Günter. »Du machst es noch kaputt!«

Der Tausendfüßler grinste. »Dann gibt es eben Schneckenrührei!«

Herr Günter versuchte, den Eierdieb mit seinem Schnabel zu verjagen. Aber der Tausendfüßler fürchtete sich nicht. »Sie fressen sowieso nur Grünzeug«, sagte er patzig. »Vor Ihrem Schnabel hab ich keine Angst!«

In diesem Moment erreichte Schorsch die beiden. Er schnappte sich eine Walderdbeere und zerquetschte sie auf seinem Bauch. Dann streckte er sich lang aus und tat so, als wäre er ein Opossum. Er ließ seine Zunge heraushängen und lispelte: »Trau dem Gänserich nicht! Guck, was er mit mir gemacht hat!« Der rote Erdbeersaft tropfte von Schorschs Bauch.

Der Tausendfüßler erschrak und ließ das Ei fallen. »Da ist überall Blut!«, schrie er entsetzt.

»Lauf weg! Solange du kannst!«, röchelte Schorsch,

und Herr Günter klapperte gefährlich mit seinem Schnabel. Da rannte der Tausendfüßler davon, so schnell er konnte mit all seinen Beinen. Wie ein Blitz verschwand er zwischen ein paar Steinen.

Erleichtert sahen sich Regenwurm und Gänserich an. »Ich habe unser Ei gerettet«, behauptete Herr Günter stolz.

»Stimmt überhaupt nicht!«, widersprach Schorsch empört. »Ich hab es gerettet!«

»Aber wenn ich nicht so einen kräftigen Schnabel

hätte«, begann Herr Günter, doch schon unterbrach Schorsch ihn: »Aber wenn ich nicht die Idee mit dem Totstellen gehabt hätte!«

Herr Günter beugte sich über das Ei und stellte plötzlich fest: »Es hat einen Riss bekommen!«

»Kann man das vielleicht reparieren?«, fragte Schorsch besorgt. Plötzlich wackelte das Ei. Irgendetwas drückte von innen dagegen, und ein Stück der Schale brach heraus. Zuerst tastete sich ein Fühler aus der Öffnung, dann noch einer. Schließlich kroch, Stück für Stück, eine winzige Babyschnirkelschnecke heraus. Sie sah sich mit großen Augen um. Dann entdeckte sie den Gänserich und den Regenwurm.

»Guten Tag!«, sagte die kleine Schnecke schüchtern. »Ich bin die Monika. Bei mir dauert alles ein bisschen länger.«

Schorsch und Herr Günter betrachteten das Schneckenbaby. »Wie niedlich!«, riefen beide gleichzeitig. Die kleine Schnecke staunte. Sie war ja noch nie einem Regenwurm begegnet und auch keinem Graugänse-

rich. Sie hatte noch nie Gras unter ihrem kleinen Saugfuß gespürt, und ihr war noch nie ein Tautröpfchen auf den Fühler gefallen. Plötzlich entdeckte sie ein Gänseblümchen.

»Oh!«, rief Monika glücklich. »So ein schönes Blümchen habe ich in meinem ganzen Leben noch nicht gesehen.«

Herr Günter hatte schon den Schnabel aufgesperrt, weil er das Gänseblümchen eigentlich fressen wollte. Nun aber pflückte er es behutsam ab, und Schorsch klemmte es hinter Monikas Fühler. Es stand ihr sehr gut.

Herr Günter und Schorsch zeigten der kleinen Schnecke Monika alles, was zum Garten gehörte. Den Haselnussstrauch, die Brombeerhecke, die alte Baumwurzel, auf der Pilze wuchsen, den Pflaumenbaum, die Salatköpfe im Beet und die Kieselsteinchen auf dem Weg. »Und das da«, sagte Herr Günter zum Schluss, »ist der Gartenzaun.«

Neugierig fragte Monika: »Was ist denn hinter dem Zaun?«

Schorsch musste lachen. »Du weißt wirklich nicht viel, Monika. Hinter dem Zaun ist natürlich nix. Dort ist die Welt zu Ende.« Er war ja ein kleiner Regenwurm, der bisher nur im Gemüsebeet unter der Erde gelebt hatte. Herr Günter hingegen war schon bis nach Afrika geflogen und kannte nahezu und überhaupt fast die ganze Welt. Deshalb sagte er jetzt auch: »So ein Unsinn! Hinter dem Zaun kommt die Gänseteichwiese. Und dahinter liegt der Gänseteich. Außerdem gibt es dort einen Wald und ganz viele Tiere.«

»Wirklich?«, fragte Schorsch erstaunt. »Das klingt nach Abenteuer! Juhu!« Er schwenkte seine Kappe.

»Aber ist das nicht gefährlich?« Monika verkroch sich in ihr winziges Häuschen. Weil das Häuschen

durchsichtig wie Glas war, konnte man genau sehen, wie sie ängstlich die Augen zukniff.

»Aber nein«, beruhigte Herr Günter sie. »Ich passe auf dich auf.«

»Nein, ich passe auf dich auf!«, widersprach Schorsch.

Er betrachtete Monika in ihrem Schneckenhäuschen. Ganz innen drin konnte er sogar ihr Herz schlagen sehen. Vorsichtig tippte er mit seinem Regenwurmschwanzspitzenzipfelchen an das Schneckenhaus. Es fühlte sich ein bisschen wabbelig an. Dann tastete Schorsch seinen eigenen rosa Bauch ab. Der fühlte sich auch wabbelig an. »Hihi«, machte Schorsch und freute sich.

Plötzlich hörten sie ein seltsames Grummeln. Erschrocken streckte Monika ihren Kopf heraus. »In meinem Häuschen rumort es!«, rief sie entsetzt.

Schorsch versuchte, dem Geräusch auf den Grund zu gehen. Schließlich legte er seinen Kopf an Monikas Bauch. Dort war das unheimliche Geräusch am lautesten.

Herr Günter lachte. »Das ist dein Magen. Du hast lediglich Hunger. Mit Hunger kenne ich mich aus.«

»Ist das gefährlich?«, fragte Monika erschrocken.

»Nönö«, beruhigte Schorsch sie. »Du musst einfach was essen, dann vergeht das.«

»Aber ich habe noch nie etwas gegessen!«, erklärte die kleine Schnecke.

»Eine schreckliche Vorstellung«, fand Herr Günter. »Das müssen wir schnell ändern! Schau genau zu, wie ich das mache.« Herr Günter stopfte ein Salatblatt aus dem Gemüsebeet in sich hinein.

Monika staunte, wie schnell das Blatt verschwand.

»Und jetzt du«, forderte Schorsch. Monika schnupperte kurz an einem Blättchen und schüttelte dann den Kopf. »Vielen Dank, aber darauf habe ich keinen Appetit.«

»Dann eben nicht«, sagte Herr Günter und verputzte das Grünzeug selbst. Mit vollem Schnabel erklärte er: »Vielleicht ist das Blatt zu knackig. Schnirkelschnecken ernähren sich nämlich von welken Pflanzen und kleinen Moosen, die auf Steinen oder Bäumen wachsen.«

Aber Monika wollte auch kein welkes Blättchen, das ihr Schorsch anbot. »Vielen Dank!«, sagte sie höflich. »Aber das mag ich jetzt nicht.«

Herr Günter und Schorsch grübelten nach, worauf eine Babyschnecke Appetit haben könnte. Aber sie wollte weder Blütenpollen wie die Biene Sabinchen, die gerade eifrig vorbeisummte. Noch hatte sie Appetit auf

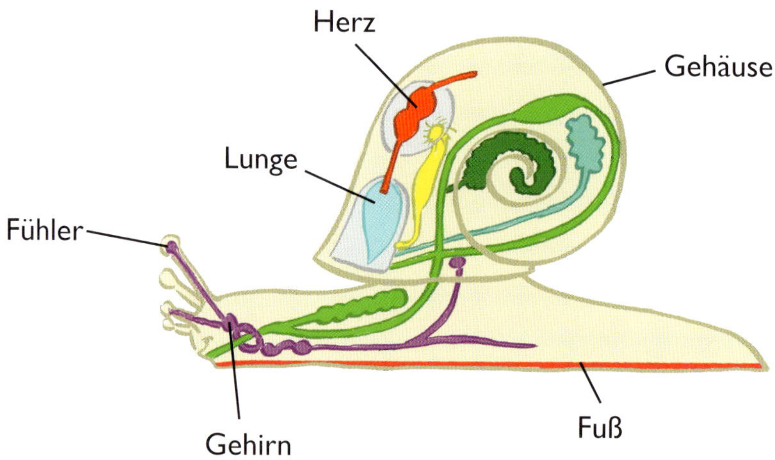

süße Kirschen wie die Made Madeleine. Und sie wollte auch kein Nüsschen wie das Eichhörnchen Heidi, das in den Zweigen vom Haselnussbusch herumturnte.

Monikas Bauch grummelte jetzt immer lauter. »Ich hab Bauchweh!«, sagte sie unglücklich.

»Vielleicht sollten wir Monikas Schneckengeschwister fragen«, schlug Schorsch vor. »Die wissen bestimmt, was eine Babyschnecke essen muss.«

»Ich habe Geschwister?«, wunderte sich Monika.

Herr Günter erklärte ihr, dass gleichzeitig mit ihr noch 36 andere Schnecken aus ihren Eiern geschlüpft waren. Aber als sie sich nach ihnen umdrehten, waren alle verschwunden! Nicht einmal die leeren Eihüllen lagen noch da.

Tiere und ihre Nahrung

Eichhörnchen
Früchte, Samen, Kastanien und Nüsse

Bienen
Blütenstaub und Nektar

Made der Kirschfruchtfliege
Kirschen

»So ein Mist aber auch!«, rief Schorsch. »Die hat bestimmt der olle Tausendfüßler geklaut!«

Aber da fiel dem klugen Graugänserich plötzlich ein, was die allererste Mahlzeit einer Babyschnecke ist: ihre Eierschale! Das war auch der Grund, warum die Schalen nicht mehr auf der Wiese herumlagen. Die anderen Schneckenbabys hatten sie aufgefuttert. »Du musst deine Eierschale essen, Monika!«, sagte Herr Günter. »Die besteht nämlich aus Kalk. Dein Häuschen braucht viel Kalk, damit es fest und stabil werden kann.«

»Ja!«, rief Monika glücklich. »Auf Kalk habe ich riesengroße Lust!« Und dann verputzte sie die ganze Eihülle bis auf das letzte Stückchen. »Lecker!«

Der Kalk vom Schneckenhaus einer neugeborenen Schnecke härtet nach wenigen Wochen aus.

Schorsch beobachtete sie dabei skeptisch und brummte: »Also ich würde keine Eierschalen fressen. Das knirscht mir ja zwischen den Zähnen.«

»Ein Regenwurm hat keine Zähne«, bemerkte Herr Günter.

Schorsch funkelte den Gänserich herausfordernd an. »Na und?«, fragte er. »Dann knirscht es mir eben im Schnabel.«

»Ein Regenwurm hat auch keinen Schnabel!«, stellte Herr Günter fest.

»Das ist ungerecht!« Der kleine Regenwurm bekam einen ganz roten Kopf. »Ich hab überhaupt gar nichts! Keine Zähne, keinen Schnabel, nicht mal Geschwister! Und mein lieber Opa ist vor langer Zeit hinter dem Gartenzaun verschwunden!«

»Oh!«, sagte die kleine Monika und streichelte Schorsch mit ihren Fühlern. »Sei bitte nicht traurig!«

Aber Schorsch war nicht nur traurig, er war auch noch sauer. Mächtig sauer! Am liebsten hätte er mit dem Fuß aufgestampft. Aber dann fiel ihm ein, was Herr Günter dazu sagen würde: »Ein Regenwurm hat keinen Fuß.« Wütend bohrte Schorsch ein Loch in die Erde. Er musste von hier verschwinden. »Ich bin ganz

allein«, brummte er, während er buddelte. »Ich habe gar niemanden auf der ganzen großen Welt.«

»Aber Schorsch!«, sagte Monika. »Das stimmt doch gar nicht. Jetzt hast du mich. Und den Herrn Günter, nicht wahr?«

Herr Günter wurde ein wenig verlegen. »Na ja«,

nuschelte er. »Schorsch schimpft immer so viel. Das mag ich nicht.«

»Und Herr Günter weiß immer alles besser«, gab Schorsch zurück. »Das mag *ich* nicht.«

»Vielleicht müsst ihr euch einfach ein bisschen Mühe geben?«, schlug Monika vor. Herr Günter reckte seinen Schnabel in die Höhe und behauptete: »Das ist schwierig. Ein Vogel und ein Wurm haben nichts gemeinsam.«

»Genau«, sagte Schorsch. »Da hat Herr Günter recht.«

Monika freute sich. »Seht ihr? Ihr seid euch ja doch bei etwas einig. Bestimmt finden wir noch was anderes!«

Aber Schorsch und Herr Günter konnten sich nicht vorstellen, dass es noch etwas geben könnte, worin sie sich einig waren.

»Schade.« Monika seufzte traurig. »Dann werde ich mal loskriechen und meine 36 Geschwister suchen.«

»Aber du kannst uns doch nicht einfach verlassen!«, rief Schorsch erschrocken. Er hatte die kleine Schnecke nämlich sehr lieb gewonnen. Er wollte mit ihr Verstecken spielen und um die Wette kriechen! Dann wäre er nicht mehr allein. Und auch Herr Günter sagte: »Bleib doch bei uns! Mit dir ist es im Garten viel schöner!« Und dabei stellte er sich vor, wie er der neugierigen Schnecke viele gelehrte Vorträge halten würde.

»Seht ihr.« Monika kicherte und kroch zwischen Schorsch und Herrn Günter. »Es gibt doch etwas, worin ihr euch einig seid.«

Da merkten die beiden Streithähne: Mit der kleinen Schnecke Monika Häuschen in ihrer Mitte passten sie doch zusammen! Und deshalb beschloss Monika Häuschen, für immer in diesem schönen Garten bei ihren beiden neuen Freunden zu bleiben.

2.

Ein Regenwurm hat keine Nase!

Als Regenwurm Schorsch am Morgen seinen Kopf aus der Erde steckte, glänzten überall im Garten Pfützen. In der Nacht hatte es geregnet. Nun schwebten nur noch ein paar kleine Schäfchenwolken am Himmel, und die Morgensonne strahlte.

Schorsch setzte seine Mütze auf und klopfte sich ein paar Erdkrümel ab. Dann kroch er hinüber zur Brombeerhecke und pfiff dabei fröhlich vor sich hin. Eigentlich hatte Schorsch morgens meistens schlechte Laune. Das lag daran, dass er keine Zähne und keinen Schnabel hatte – und dass ihn der Graugänserich Günter daran immer wieder erinnerte. Aber seit die kleine Schnecke Monika Häuschen im Garten wohnte, war alles anders. Monika war nämlich kleiner als Schorsch. Schorsch war sehr stolz, endlich einmal der Große zu sein. Außerdem war Monikas Schneckenhäuschen genauso empfindlich und weich wie er selbst. Auch das gefiel ihm. Und, und das war der wichtigste Grund von allen: Monika war seine Freundin!

Schorsch erreichte die Brombeerhecke, unter der gut versteckt das Schneckenhäuschen lag. Vorsichtig klopfte er an, um Monika zu wecken.

Ein kleiner Fühler schob sich nach draußen, dann noch einer, und schließlich guckte Monika heraus.

»Hast du geklopft?«, wollte sie wissen.

»Ja«, sagte Schorsch und pochte noch einmal etwas kräftiger. »Hörst du das?« Es machte *pochpochpoch!*

»Bitte nicht so doll«, bat Monika. »Mein Häuschen ist ganz weich und empfindlich!«

»Eben nicht«, sagte Schorsch beleidigt. »Es ist plötzlich hart wie ein Kieselstein. Das ist ungerecht.« Er klopfte zum Vergleich auf seinen Bauch. Der war nicht hart wie Stein, sondern sehr weich und ließ sich eindrücken.

Monika tastete mit den Fühlern ihr Häuschen ab.

Sie drehte sich sehr langsam im Kreis, um einen Blick darauf zu erhaschen. »Huch! Mir wird schwindelig!«, stöhnte sie. Plötzlich entdeckte sie ihr Spiegelbild in einer Pfütze. »Oh!«, rief sie überrascht. »Mein Häuschen ist gar nicht mehr durchsichtig! Es ist plötzlich braun und gelb. Was für hübsche Farben!« Sie blickte sich im Garten um und versuchte, Dinge zu finden, die ebenfalls gelb oder braun waren.

»Rosa ist viel schöner«, brummte Schorsch beleidigt. »Und sehr selten!« Tatsächlich hatte außer Schorsch im Garten nichts die Farbe Rosa.

Monika konnte sich gar nicht sattsehen an ihrem Spiegelbild. »Guck mal, was für ein hübsches Muster mein Häuschen hat!«, rief sie glücklich. Schorsch

guckte an sich herunter. Auf seiner Haut zeichnete sich leider kein Muster ab. Schorschs gute Laune flog davon wie die Löwenzahnschirmchen auf der Wiese.

»Das ist ungerecht«, meckerte Schorsch und patschte wütend mit seinem Regenwurmschwanzspitzenzipfelchen in die Pfütze. Die Tropfen spritzten in die Höhe und landeten auf Monikas Häuschen.

Monika staunte. »Wie hast du das gemacht, Schorsch?«, wollte sie wissen. Sie hatte noch nie in eine Pfütze gepatscht. Schorsch reckte sich in die Höhe. Er fühlte sich plötzlich ziemlich wichtig. Außerdem fiel ihm auf, dass Monika immer noch kleiner war als er. Viel kleiner. Seine gute Laune kehrte zurück wie der kleine Zitronenfalter, der aus dem Nachbargarten herüberflatterte.

»Mach's noch mal!«, bettelte Monika.

Schorsch zeigte ihr, wie man ordentlich Schwung holte und aufs Wasser klatschte. »Damit es richtig spritzt, braucht man sehr starke Muskeln«, behauptete er.

Zaghaft tippte Monika mit ihrem Saugfuß in die Pfütze, dann kräftiger. Ein paar Tropfen flogen durch die Luft. »Das macht Spaß!«, rief Monika glücklich. »Kann ich von dir noch mehr lernen, Schorsch?«

»Ist doch klar wie Tümpelbrühe«, sagte Schorsch großspurig. Er schob ein paar Erdkrümel ins Wasser. »Wenn man Erde in die Pfütze macht, gibt es Matschepampe.«

»Was du alles weißt!«, staunte Monika.

Schorsch tunkte sein Regenwurmschwanzspitzenzipfelchen hinein und bemalte sich mit dem Schlamm. »Jetzt hab ich auch ein Muster! Haha!«

Monika guckte ihren Freund bewundernd an. Mit dem Muster auf dem Bauch sah er ganz anders und sehr verwegen aus.

»Und jetzt bringe ich dir meine ganz spezielle Bohrtechnik bei«, Schorsch machte ein wichtiges Gesicht. »Die ist sehr nützlich, wenn man sich einen gemütlichen Wohngang bauen will.«

Ring- und Längsmuskeln helfen dem Regenwurm beim Vorwärtskriechen: Spannt er die Ringmuskeln an, wird die Stelle lang und dünn; spannt er die Längsmuskeln an, wird die Stelle dick. Durch abwechselndes Strecken und Zusammenziehen kommt der Wurm voran.

»Toll!« Monika wackelte vor Freude mit den Fühlern.

»Pass gut auf«, sagte er und setzte seine Kappe ab. »Zuerst machst du deinen Kopf dünn und bohrst ihn in die Erde.« Er zog ein langes Gesicht, und sein Kopf wurde ganz spitz. Das sah so lustig aus, dass Monika lachen musste. Schorsch verschwand mit seinem Kopf im Boden.

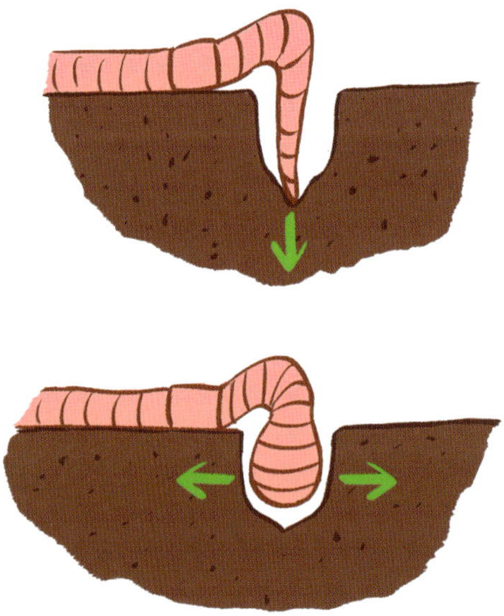

Monika legte ihren Hut neben sich und steckte ihren Kopf ebenfalls in die Erde. Dort war es sehr dunkel und ein bisschen unheimlich. »Kann bitte mal jemand das Licht anknipsen?«, fragte sie ängstlich. Es blieb dunkel.

Von irgendwoher rief Schorsch: »Jetzt musst du deinen Kopf dick machen und die Erde auseinanderdrücken! Strecken, dick machen, strecken, dick machen! So bohrst du dich vorwärts.«

Aufbau Regenwurm mit Borsten, die verhindern, dass er zurückrutscht.

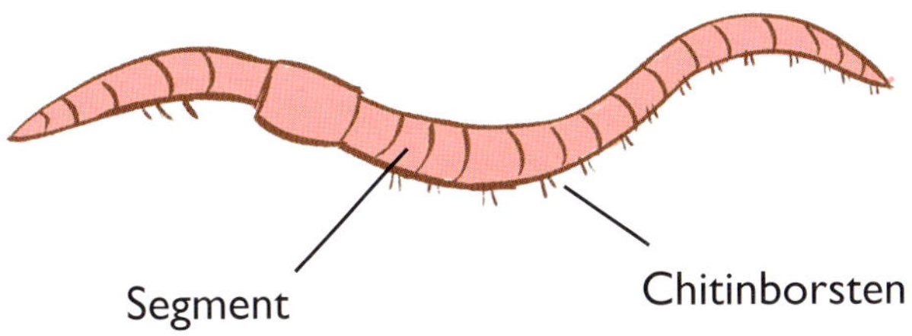

Monika versuchte es, aber sie blieb mit ihrem Häuschen hängen. »Es geht nicht!«, rief sie und bekam Erde in den Mund. Ächzend und spuckend zog sie ihren Kopf heraus. Nun tauchte auch Schorsch wieder auf.

Der kleine Regenwurm kratzte sich nachdenklich am Kopf. »Komisch. Wenn mein Opa hier wäre, der wüsste bestimmt, warum es bei dir nicht klappt.«

Schorschs Opa war nämlich der weltbeste Wohngangbuddler. Aber leider war er ja schon vor langer Zeit hinter dem Gartenzaun verschwunden.

»Kann ich vielleicht etwas anderes von dir lernen?«, fragte Monika eifrig.

Schorsch dachte kurz nach. Alles, was er konnte und wusste, hatte er von seinem Opa gelernt. Lauter Sachen, die wichtig für einen Regenwurm waren. »Du kannst von mir lernen«, sagte er, »wie man einen Knoten macht. Das ist praktisch, falls du mal frierst oder wenn dir zu warm ist.«

Monika freute sich. Bisher war sie in so einem Fall immer in ihr Häuschen gekrochen. Aber ein Knoten schien etwas wirklich Nützliches zu sein. Schorsch formte aus seinem Körper eine Brezel, dann legte er sich zu einem Kringel zusammen und schob schließlich sein Regenwurmschwanzspitzenzipfelchen hindurch. Ihm gelang ein sehr schicker Knoten.

Aber sosehr Monika auch versuchte, Schorschs Bewegungen nachzumachen, sie schaffte es einfach nicht, einen Knoten mit sich selbst zu machen. Ihr Körper war viel zu dick und zu glitschig, und das Schneckenhäuschen schien immer im Weg zu sein.

»Schade«, sagte die kleine Schnecke enttäuscht.

In diesem Moment flatterte der gelehrte Graugänserich Herr Günter in den Garten. »Warum guckt ihr denn so?«, wollte er wissen.

»Ich bin traurig«, erklärte Monika.

»Wie kann man in einem Gemüsebeet traurig sein?«, wunderte sich Herr Günter und fraß ein bisschen Salat.

»Ich kann leider gar nichts«, erklärte Monika geknickt und ließ die Fühler hängen. »Und Schorsch kann so viel. Er kann sogar einen Knoten machen!«

»Ich weiß, woran das liegt«, behauptete Herr Günter mit vollem Schnabel.

»Das wissen wir auch«, gab Schorsch zurück. »Es liegt daran, dass ich so viele Muskeln habe und so groß bin.«

Er zeigte Monika, wie er die Muskeln anspannen konnte, und stemmte mit seinem Regenwurmschwanzspitzenzipfelchen Gewichte. Erst einen Zweig, dann einen Stein, und zum Schluss hob er sogar Monika hoch.

Regenwürmer brauchen starke Muskeln, um die Erde umgraben zu können. Sie können das 60-fache ihres Körpergewichts stemmen! Sie sind also richtige Muskelprotze und gehören zu den stärksten Tieren der Welt.

»Huch!«, quietschte Monika. »Du bist wirklich sehr stark! Du bist der größte und stärkste Regenwurm, den ich je gesehen habe.«

»Ja«, sagte Schorsch. »Ich bin vermutlich der stärkste Regenwurm der Welt!«

»So ein Unsinn!« Herr Günter schüttelte tadelnd den Kopf. »Das bist du keineswegs. Es gibt viel größere Regenwürmer in deiner Verwandtschaft. Auf einer meiner weiten und äußerst lehrreichen Reisen habe ich einen südafrikanischen Riesenregenwurm gesehen.«

Stammbaum von Schorsch

Familie der Ringelwürmer

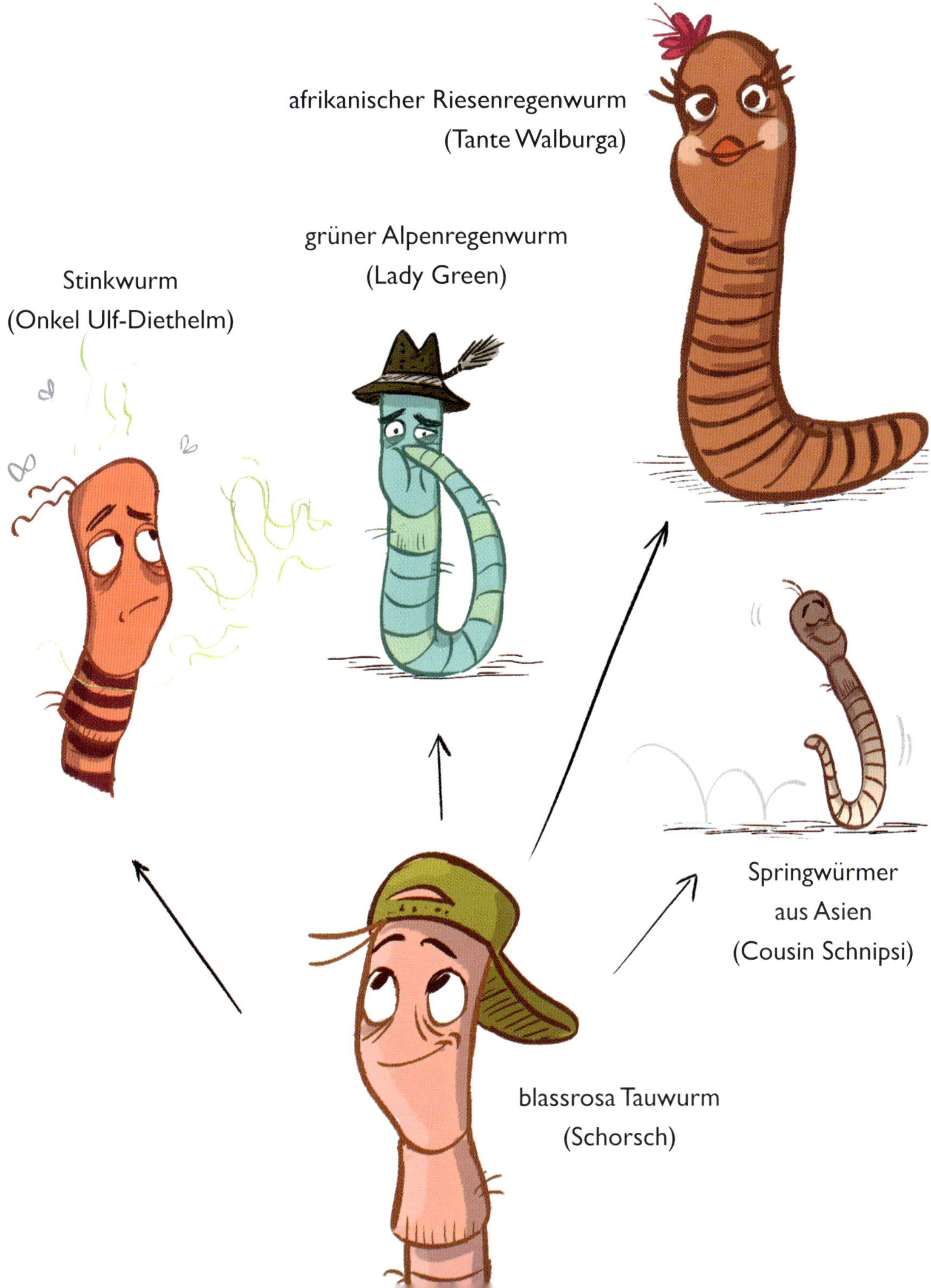

Schorsch ärgerte sich. Gerade noch hatte er sich groß und stark gefühlt. Kaum war Herr Günter da, kam er sich wieder klein und mickrig vor. Sein verwegenes Muster war längst abgebröckelt, und auch seine schöne rosa Farbe schien nichts Besonderes zu sein. Herr Günter berichtete nämlich gerade von bunten Regenwürmern, denen er auf seinen Reisen in der Ferne begegnet war. Um sich zu trösten, wollte Schorsch in ein Blättchen beißen, aber Herr Günter war schneller.

»He!«, rief Schorsch, »das war mein Blatt! Sie haben es mir vor der Nase weggeschnappt!«

»Ein Regenwurm hat keine Nase!«, bemerkte Herr Günter und fraß einfach weiter.

»Na und«, sagte Schorsch beleidigt. »Sie haben auch keine Nase.«

»Da irrst du dich«, antwortete Herr Günter und beugte sich zu dem kleinen Regenwurm hinunter. Mitten auf dem großen gelben Gänseschnabel entdeckte Schorsch zwei Löcher. Das war die Gänsenase.

»Das ist so was von ungerecht!«, schimpfte Schorsch. »Alle haben eine Nase, bloß ich nicht!« Schorsch hätte wirklich gern eine Nase gehabt. Wer eine Nase hatte, konnte an Blumen schnuppern und Pupse riechen.

»Ein kleines Würmchen wie du braucht keine Nase«, behauptete Herr Günter. Sofort bekam Schorsch noch schlechtere Laune. »Ich bin kein Würmchen!«, protestierte er. »Ich bin ein großer, starker Regenwurm!«

Monika pflückte ein Gänseblümchen und schenkte es Schorsch. »Ärger dich nicht!«, versuchte sie, ihn zu trösten.

Schorsch nahm die Blume und brummte: »Aber das geht mir auf den Keks.«

»Ein Regenwurm hat keinen Keks«, bemerkte Herr Günter.

»Dann geht es mir eben auf den Wecker«, schimpfte Schorsch.

»Ein Regenwurm hat auch keinen Wecker!«, stellte Herr Günter fest.

Beleidigt verkroch sich Schorsch in der Erde, sodass nur noch sein Kopf herausguckte, und sagte nichts mehr.

Plötzlich entdeckte Monika etwas sehr Seltsames am Gartenzaun. Sie reckte ihren Hals und kroch so weit wie möglich aus ihrem Häuschen heraus. Schließlich sagte sie: »Ich glaube, Sie irren sich, Herr Günter. Schorsch ist kein Würmchen. Er ist gerade gewachsen.«

»So ein Unsinn«, sagte Herr Günter. »Schorsch ist genauso klein wie vorhin.«

»Aber sein Kopf guckt hier im Gemüsebeet aus der Erde«, sagte Monika. »Und sein Regenwurmschwanzspitzenzipfelchen wackelt da drüben am Gartenzaun.« Zwischen dem Gemüsebeet und dem Zaun lag eine Blumenwiese, und dann kam die Brombeerhecke. »Bis zum Gartenzaun ist es sehr weit«, stellte Monika fest.

Schorsch guckte begeistert zu dem fernen Regenwurmschwanzspitzenzipfelchen. »Juhu!«, rief er stolz. »Ich bin ein Riesenregenwurm geworden! Ätsch!«

Herr Günter sah ungläubig erst zu Schorschs Kopf, dann zum Regenwurmschwanzspitzenzipfelchen und wieder zurück. »Das sind mindestens zehn Meter!«

Monika warf Schorsch einen bewundernden Blick zu. »Was du alles kannst! Ich möchte auch so schnell wachsen. Wie hast du das gemacht?«

»Das, ähm«, sagte Schorsch verlegen, »ist ein großes Geheimnis.« Er wusste es nämlich selbst nicht.

Herr Günter wollte die Sache untersuchen. »Wackle mal mit deinem hinteren Ende!«, forderte er Schorsch auf. Schorsch versuchte es. Es dauerte eine Weile, dann wackelte das Schwänzchen am Gartenzaun.

»Seit du so groß bist, hast du eine ganz schön lange Leitung«, fand Monika.

Herr Günter blieb misstrauisch. »Ich werde einen Zwicktest machen«, verkündete er und flatterte zum Zaun. Vorsichtig kniff er mit seinem Schnabel in das Ende des Regenwurms.

»Komisch«, wunderte sich Schorsch. »Ich merke gar nichts.«

Monika war ganz begeistert. »Jetzt ist aus dir nicht nur ein Riesenregenwurm geworden, sondern auch ein Held!«

»Ja!«, rief Schorsch. »Ich bin unverwundbar! Ich bin ein Superwurm!«

»Dann brauchst du einen Superwurmumhang!«, überlegte Monika. Sie hängte ihm ein grünes Blatt um, das wie ein Cape im Wind flatterte. Herrn Günter beäugte inzwischen aufmerksam das Regenwurmschwanzspitzenzipfelchen. Er kniff noch einmal hinein, diesmal etwas kräftiger. Plötzlich ertönte ein lautes »Aua! Bei dir piept's wohl?«.

Monika guckte Schorsch überrascht an. »Dein Regenwurmschwanzspitzenzipfelchen kann genauso toll schimpfen wie du«, stellte sie fest. Schorsch wunderte das gar nicht. Es war sicher normal, dass das Regenwurmschwanzspitzenzipfelchen von einem Superwurm schimpfen konnte.

Herr Günter zwickte noch einmal besonders kräftig in das Regenwurmende.

»He, du Flitzpiepe! Ich kneif dich auch gleich!«, tönte es dumpf aus der Erde am Gartenzaun. Erst rumorte es, dann flogen Erdkrümel herum, und schließlich tauchte ein alter, faltiger Regenwurmkopf auf.

»Ich wusste doch, dass Schorsch kein Riese geworden ist«, sagte Herr Günter zufrieden. »Hier ist lediglich ein zweiter Regenwurm.«

Der alte Regenwurm kam jetzt ganz zum Vorschein. Er stützte sich auf ein Stöckchen und schimpfte: »So ein Mist aber auch!«

»Opa!«, rief Schorsch glücklich. »Das ist ja mein lieber Opa!«

Der Opa winkte mit seinem Stöckchen, und Schorsch kroch, so schnell er konnte, hinüber zum Gartenzaun.

Monika schlitterte auf einer Schneckenschleimbahn hinterher.

»Mein Opa!«, keuchte Schorsch feierlich, als sie endlich am Zaun ankamen. »Mein Schorschl«, sagte der Opa glücklich. Sie henkelten sich mit ihren Regenwurmschwanzspitzenzipfelchen ein und umarmten sich.

»Ich dachte schon, du hast mich vergessen!«, sagte Schorsch.

»Quark mit Quatschsoße«, erwiderte der Opa. »Ich hab sogar immer ein Bild von dir dabei!« Er zog unter seiner Mütze eine ausgebeulte Brieftasche hervor und klappte sie auf. Darin steckte ein Bild von einem sehr, sehr kleinen Schorsch.

Monika kicherte. »Dein Opa sieht genauso aus wie du, Schorsch!« Und wirklich, der Regenwurmopa hatte wie Schorsch keine Nase, keinen Wecker und erst recht keinen Keks. »So ein Zufall!«, fand Monika.

»Das ist kein Zufall«, erklärte Herr Günter. »Wer verwandt ist, sieht sich nun einmal oft ähnlich.«

»Ist doch klar wie Tümpelbrühe!«, sagte der Opa. »Und jetzt machen wir einen Opa-und-Schorsch-Tag!«

Regenwürmer schlüpfen aus Eiern, die von einem schützenden Kokon umhüllt sind.

Schorsch freute sich. »Wir wär's mit Trampolinspringen?«, schlug er vor. Er suchte ein federndes Blatt und begann, darauf auf und ab zu hopsen. Sein Opa kletterte ächzend hinterher und hopste ebenfalls. Immer höher sprang Schorsch.

»Vorsicht!«, rief Monika. »Du stößt an die Wolken!«

Aber der Opa lachte nur und rief: »Quark mit Quatschsoße.«

Da wagte sich auch Monika auf das Blatt. Sie blieb allerdings mit ihrem Saugfuß daran kleben und schaukelte nur hin und her. Die beiden Regenwürmer flogen währenddessen wild durch die Luft, bis das Stöckchen vom Opa zerbrach. »So ein Mist aber auch«, meckerte der Opa.

»Ihr solltet lieber etwas Sinnvolles unternehmen«, schlug Herr Günter vor. »Zum Beispiel das Gemüsebeet umgraben.«

»Och nö«, sagte Schorsch. »Das ist viel zu anstrengend.«

»Aber es ist vernünftig. Sonst wächst der Salat nicht!«, erinnerte ihn Herr Günter.

Der Regenwurmopa kniff ein Auge zusammen. »Aha«, sagte er. »Ohne uns würde der Salat also nicht wachsen?«

»In der Tat!« Herr Günter nickte und angelte sich ein Löwenzahnblatt. Der Opa verzog listig das Gesicht. »Und wo bleibt dann bitte unser Dankeschön?«

Monika pflückte eine Glockenblume und sagte eifrig: »Danke, lieber Opa! Danke, lieber Schorsch!« Schorsch probierte gleich

Regenwürmer lockern die Erde, graben sie um und stellen Humuserde her. Dadurch wachsen die Pflanzen besonders gut.

aus, wozu man die Glockenblume benutzen konnte. Als Trinkbecher, als Hut und als Alarmglocke. Er freute sich sehr über das praktische Geschenk. Auch Herr Günter bedankte sich bei den Regenwürmern.

Aber der Opa fand: »Nö. Das reicht nicht. Davon können wir uns nichts kaufen.«

Er setzte sich die blaue Glockenblume als Helm auf den Kopf, kroch hinüber zum Gemüsebeet und stellte sich wie ein Wachtmeister vor den Salat. Als Herr Günter wieder ein Blättchen abzupfen wollte, gab er ihm einen Hieb mit seinem abgebrochenen Stock auf den Schnabel. »Wer ein Blättchen futtern will, muss blechen«, erklärte er.

»Aber ich habe doch gar kein Geld!«, stellte Monika erschrocken fest.

»Ihr müsst mit Federn bezahlen«, bestimmte der Opa. »Daunen sind sehr beliebt. Dafür kann man alles eintauschen, was man will.«

Monika staunte. »Wirklich alles? Was wollt ihr denn von dem Federgeld kaufen?«

Der Opa betrachtete seinen zerbrochenen Wanderstock. »Also ich brauche ein neues Stöckchen«, stellte er fest. »Und du, mein Schorschl?«

Vögel, Mäuse, Eichhörnchen und Siebenschläfer benutzen Daunenfedern zum Auspolstern ihrer Nester. Die weichen Daunen sind sehr begehrt und werden von ihnen gesammelt.

Schorsch dachte nach. Er hatte noch nie Geld besessen und noch niemals etwas gekauft. Es musste also etwas besonders Tolles sein. Etwas, womit er ein bisschen angeben konnte. »Vielleicht ein Paar rosa Boxhandschuhe?«, schlug sein Opa vor. Schorsch war begeistert und boxte gleich mit seinem Regenwurmschwanzspitzenzipfelchen in die Luft.

Herr Günter lachte schnatternd. »Was willst du mit Handschuhen? Ein Regenwurm hat keine Hände.«

»Das ist ungerecht!«, ärgerte sich Schorsch. Angestrengt überlegte er. Die Sonne störte ihn beim Nachdenken. Sie stach vom Himmel und blendete ihn. Schorsch mochte keine Sonne. Und plötzlich wusste er, was er sich kaufen wollte: »Eine Sonnenbrille!«

Regenwürmer brauchen keine Hautfarbstoffe zum Schutz vor der Sonne, weil sie sich fast immer unter der Erde aufhalten.

»Hach!«, seufzte Monika. »Eine schicke Sonnenbrille steht dir bestimmt sehr gut.«

Wieder lachte Herr Günter. »Die schicke Sonnenbrille wird dir sofort herunterrutschen. Ein Regenwurm hat immer noch keine Nase!«

Schorsch ärgerte sich. »So ein Mist aber auch!«

Monika versuchte, ihn zu trösten. »Du könntest dir einen Schal kaufen! Für deinen langen Hals.«

»Nö«, meckerte Schorsch. »Ich will keinen ollen, langweiligen Schal.« Er überlegte, was er sich am allermeisten wünschte, und plötzlich wusste er, was er sich kaufen würde. »Eine Nase!«, rief er. »Ich kaufe mir eine Nase, juhu!«

Wenn er eine Nase hatte, würde ihn Monika sicher sehr hübsch finden, und die Sonnenbrille würde auch nicht rutschen. Außerdem konnte Herr Günter dann keine Witze mehr über ihn machen.

Sein Opa hatte in der Zwischenzeit begonnen, aus Brettern und Steinen eine Ladentheke vor dem Gemüsebeet zusammenzubauen. Nun steckte er noch Preisschilder in die Erde. »So«, sagte er, als er fertig war. »Der Gemüseladen ist eröffnet.«

»Müssen wir etwa für jedes Blatt bezahlen?«, fragte Herr Günter entsetzt.

»Natürlich!«, nickte der Opa.

Herr Günter schaute nach, wo er am ehesten eine Daunenfeder entbehren konnte, und entschied sich für den Bürzel. Mit dem Schnabel riss er sich vorsichtig ein sehr kleines Federchen heraus. »Au!«, rief er. Der Opa

steckte die Feder in seine Brieftasche, und Schorsch rückte ein sehr kleines Blatt raus.

Nun wäre Monika an der Reihe gewesen. Da erst wurde ihr klar, dass eine Schnecke keine Federn hatte. »Nicht so schlimm«, tröstete sie sich selbst. »Ich bin noch satt von gestern.«

Herr Günter war dafür umso hungriger. Jedes Mal, wenn er ein Blatt wollte, musste er sich von einer Daunenfeder trennen. Die Brieftasche des Regenwurmopas war nach kurzer Zeit ganz ausgebeult, so viele Federn hatte er hineingestopft.

Plötzlich kam ein frischer Wind auf. »Huch, ist das kalt!«, rief Herr Günter erschrocken und drehte sich zu seinem Hinterteil um. Sein Bürzel war ganz kahl gerupft. Er nieste und durchsuchte sein Federkleid nach einem Taschentuch.

Schorsch genehmigte sich selbst ein Blättchen. Sehnsüchtig guckte Monika darauf.

»Jetzt hab ich doch Hunger«, jammerte sie. Ihr Bauch grummelte so laut, dass Schorsch es hören konnte.

»Darf ich Monika ein Blättchen schenken?«, fragte Schorsch seinen Opa. Der guckte in die Brieftasche und

prüfte das Federgeld. »Auf keinen Fall«, sagte er, »das reicht noch nicht für eine Nase und ein Spazierstöckchen.«

In diesem Moment kam wieder ein Windstoß und riss das ganze Federgeld mit sich. Der Opa versuchte, die Federn festzuhalten, und Schorsch wollte hinterhereilen. Aber leider ist ein kleiner Regenwurm nicht sehr schnell. »Halt!«, rief er, während sein Opa schrie: »So ein Mist aber auch! Unser Federgeld!« Aber es flog schon so weit oben, dass beide nur hilflos zusehen konnten, wie die leichten Daunen über den Zaun schwebten und verschwanden.

»Jetzt bekomme ich niemals eine Nase!«, jammerte Schorsch, und der Regenwurmopa stellte fest: »Wir brauchen neues Federgeld.«

Herr Günter beschwerte sich: »Ich werde mir ganz sicher nicht noch eine Feder herausreißen. Mein Bürzel ist schon ganz kahl!« Dann nieste er wieder.

»Tja.« Der Opa wackelte mit dem Kopf. »Keine Federn, keine Blättchen.«

Monika schluchzte: »Aber mein Bauch tut weh!« Das tat Schorsch so leid, dass er ein Stück

von einem Salatblatt abriss und es Monika kurzerhand in den Mund steckte.

»Danke!«, rief die kleine Schnecke und strahlte Schorsch glücklich an.

»Aber was machst du denn, Schorsch?«, schimpfte der Opa. »So werden wir doch nie reich! Hör auf meinen Rat und verschenke nichts!«

Schorsch guckte ganz schuldbewusst. Aber Monika versicherte: »Ich habe noch nie so ein schönes Geschenk bekommen!«

Plötzlich hatte Schorsch ein ganz merkwürdiges Gefühl im Bauch. Es fühlte sich so gut an, dass er auch noch ein großes Salatblatt pflückte und es Herrn Günter schenkte. Der verschlang das Blatt mit einem Happs.

»Aber Schorsch!«, rief der Opa entsetzt.

Herr Günter stellte fest: »Schorsch hat mich vor dem Verhungern gerettet!«

»Er hat eben ein großes Herz«, seufzte Monika und futterte noch ein kostenloses Blatt.

»Ein Herz?«, sagte Herr Günter überschwänglich. »Schorsch hat zehn Herzen! Deshalb ist er so großzügig. Er ist tatsächlich ein Superwurm!«

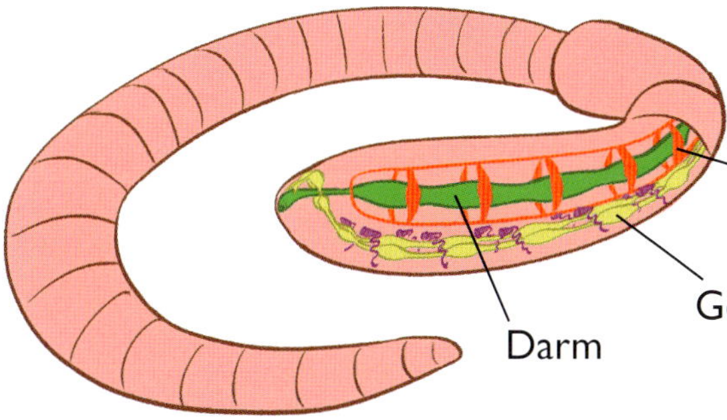

Schorsch kringelte sich verlegen. Wenn der kluge Herr Günter es sagte, musste es ja wohl stimmen. Er war sehr stolz auf seine guten Taten. Nur der Regenwurmopa guckte griesgrämig. »So ein Mist aber auch«, brummte er. »Nun wird es nix mit einem neuen Spazierstöckchen. Dabei wollte ich so gern ein glänzendes, poliertes.«

Herr Günter knickte vom Kirschbaum einen trockenen kleinen Zweig ab und bearbeitete ihn mit dem Schnabel, bis er ganz glatt war. Anschließend schmierte Monika das Holz mit Schneckenschleim ein, damit es schön glänzte. »So ein Stöckchen?«, fragte Herr Günter und zeigte es Schorschs Opa.

»Ja«, rief der Regenwurmopa und wurde traurig.

»Aber ich kann es mir nicht leisten. Mein ganzes Federgeld ist doch weggeflogen.«

»Das Stöckchen schenken wir dir«, sagte Monika. »Weil du der liebe Opa von unserem besten Freund bist.«

Da bekam der Regenwurmopa einen knallroten Kopf vor lauter Freude und auch, weil er sich ein bisschen schämte. »Ich hätte nicht gedacht, dass ich von dir auch noch was lernen kann, mein Schorschl«, sagte er. Und Schorsch wurde noch ein bisschen stolzer. Er fühlte sich sehr gut, fast so, als ob er eine Nase hätte. Er tastete sein Gesicht ab, aber da war keine Nase.

»Bist du traurig, weil du keine Nase hast?«, fragte Monika mitfühlend. Aber Schorsch grinste. »Nö. Wer keine Nase hat, hat auch keine Popel!«

Regenwürmer brauchen keine Nase, denn sie atmen durch die Haut und können mithilfe der Sinneszellen auf ihrer Haut Gerüche wahrnehmen und schmecken.

3.

Auch eine stattliche Gans war mal klein

Regenwurm Schorsch duckte sich zwischen die Salatköpfe und versuchte, unauffällig davonzuschleichen. Gerade war nämlich der gelehrte Graugänserich Herr Günter im Gemüsebeet gelandet. Und Schorsch hatte überhaupt keine Lust, dass der ihm in die Arme lief. »Ein Regenwurm hat keine Arme ... blablabla«, brummte er vor sich hin und pirschte sich weiter voran. Endlich hatte sein Kopf das hohe Gras der Blumenwiese erreicht und verschwand darin. Er musste nur noch sein Regenwurmschwanzspitzenzipfelchen nachziehen, dann hatte er es geschafft.

»Wo willst du denn hin, Schorsch?«, ertönte da die Stimme von Herrn Günter. Der Gänserich flatterte neben den kleinen Regenwurm und beäugte ihn neugierig.

»Ich, ähm«, stotterte Schorsch. »Ich ... ich muss mal aufs Klo«, schwindelte er.

»Ein Regenwurm hat kein Klo«, stellte Herr Günter klar.

Schorsch fühlte sich ertappt. »Na gut«, gab er zu. »Ich will mich mit Monika unter den Haselnussbüschen treffen.«

Herr Günter war entzückt. »Wie interessant! Ich kann euch alles über Haselnusssträucher erzählen. Auf einer meiner weiten und sehr lehrreichen Reisen ...«

»Wir wollen keinen Schlaubergervortrag hören«, unterbrach ihn Schorsch und kroch weiter. »Wir wollen mit den Nüssen Murmeln spielen.«

Herr Günter trampelte mit seinen breiten Gänseflossen hinterher. »Ich bin dabei!«, rief er. »Ich berechne den Schusswinkel und die Kraft, mit der ich schießen muss. Du wirst sehen, ich gewinne! Das wird ein Spaß!«

»Von wegen«, brummte Schorsch. Er kroch schneller, aber der Gänserich überholte ihn. Schorsch ärgerte sich mal wieder. Er hätte lieber allein mit Monika gespielt. Wenn Herr Günter dabei war, machte es keinen Spaß mehr. Der Gänserich gewann einfach immer.

Als Schorsch endlich den Haselnussstrauch erreichte, war Herr Günter natürlich längst da. »Haha! Ich bin schneller!«, rief er übermütig. Neben ihm saß Monika und guckte sehr nachdenklich auf die Haselnüsse. Herr Günter hatte mit dem Schnabel ein Loch in den Boden gebohrt. »Wer die meisten Murmeln versenkt, gewinnt! Also ich!«, behauptete er.

»Ich weiß nicht, ob wir mit diesen Nüssen spielen sollten«, sagte Monika. Sie rückte ganz nah an Schorsch heran, guckte sich kurz um, ob auch niemand zuhörte, und dann flüsterte sie: »Ich glaube, jemand hat die Nüsse verzaubert.«

»Wirklich?«, fragte Schorsch, und seine Laune wurde ein kleines bisschen besser. Eine verzauberte Nuss klang nach Spannung und Abenteuer. »Gibt es vielleicht einen Knall, wenn so eine Zaubernuss irgendwo anstößt?«, wollte er wissen und stupste eine Nuss gegen Herrn Günters Gänsebein. Nichts passierte. Schade.

Herr Günter winkte mit seinem Flügel ab. »Das ist eine ganz normale Nuss. Es gibt keine Zauberei.«

»Doch, doch!«, versicherte Monika und tat sehr geheimnisvoll. »Vor ein paar Tagen waren die Haselnüsse noch größer als ich. Jemand hat alle Nüsschen klein gezaubert!«

Schorsch versuchte, eine Nuss auszumessen. Er streckte seinen Körper und benutzte ihn als Maßband. Die Nuss war genauso groß, wie eine Haselnuss eben sein musste.

Plötzlich rief Herr Günter: »Ha! Ich weiß es! Die Nuss ist nicht kleiner geworden! Monika ist gewachsen!«

»Ehrlich?« Monika strahlte stolz. Schorsch musterte sie von der Seite. Es stimmte! Die kleine Schnecke war tatsächlich gewachsen. Der Regenwurm reckte sich und merkte erleichtert: »Aber ich bin immer noch größer.«

Herr Günter stellte klar: »Natürlich bin ich der Größte von uns dreien!«

Er hob die kleine Schnirkelschnecke vorsichtig hoch und setzte sie neben den Kirschbaum. Dann ritzte er mit seinem Schnabel direkt über ihrem Kopf eine Kerbe in den Stamm. »Das dient der Wissenschaft!«, erklärte er. »So können wir festhalten, wie schnell du wächst, kleine Monika.«

»Mich müssen Sie aber auch messen!«, forderte Schorsch und beeilte sich, neben Monika zu kriechen. »Damit wir festhalten, wie schnell *ich* wachse!«

»Meinetwegen«, sagte Herr Günter und machte auch über Schorschs Kopf eine Kerbe. Schorsch war sehr zufrieden.

»Nächste Woche werde ich

Regenwürmer wachsen, indem sie am Hinterende neue Segmente bilden. Erwachsene Regenwürmer können 160 Segmente haben und so lang wie ein Bleistift sein.

so groß sein, dass ich bis zu diesem Astloch reiche«, erklärte er. Monika guckte staunend am Baumstamm hinauf. Er war so hoch, dass ihr schwindelig wurde. »Und nächstes Jahr«, behauptete Schorsch, »werde ich schon größer sein als der Herr Günter.«

Herr Günter lachte. »So ein Unsinn! Das ist reine Fantasie!«

»Was ist denn Fantasie?«, wollte Monika wissen. Sie hatte das schwierige Wort noch nie gehört.

»Ähm, nun ja«, überlegte Herr Günter und suchte nach einer passenden Erklärung. »Man kann sie auf jeden Fall nicht essen. Deshalb ist Fantasie komplett unnütz.«

»Quark mit Quatschsoße«, regte sich Schorsch auf. »Fantasie macht Spaß. Siehst du die dicke Hummel da drüben, Monika?« Die Hummel saß auf einem Lavendelstrauch und taumelte von einer Blüte zur nächsten. Dann stieg sie hoch über ihre Köpfe und flog zu einem blühenden Busch. »Ich stelle mir jetzt mit meiner Fantasie vor, dass ich genauso fliegen kann!«, rief Schorsch. Er machte ein brummendes Geräusch und ließ sein Regenwurmschwanzspitzenzipfelchen wie einen Propeller kreisen.

»Guten Flug!«, rief Monika begeistert und winkte mit ihren Fühlern.

Herr Günter schüttelte verärgert sein Gefieder. »Ein Regenwurm kann nicht fliegen. Das ist wissenschaftlich bewiesen.«

»Geben Sie es ruhig zu«, sagte Schorsch und stellte seinen Motor ab. »Sie haben keine Ahnung von Fantasie!«

»Ich habe von allem eine Ahnung!«, behauptete Herr Günter. »Ich weiß im Grunde nahezu fast alles!«

Monika sah den Gänserich bewundernd an. »Wirklich? Von wem haben Sie das denn alles gelernt?«

Herr Günter plusterte sein Gefieder auf. »Von keinem. Ich bin schon außerordentlich klug auf die Welt gekommen«, gab er an.

»Jaja«, meckerte Schorsch. »Wollen Sie uns etwa erzählen, dass Sie ein ganz schlaues Ei waren?«

»Selbstverständlich«, behauptete Herr Günter. »Als ich mich aus der Schale gepickt habe, konnte ich auf Anhieb laufen und schwimmen. Und ich besaß bereits ein flauschiges Daunenkleid.«

Nesthocker und Nestflüchter

Amselbabys sind Nesthocker. Sie schlüpfen ohne Federn aus dem Ei und haben die Augen zunächst noch verschlossen. Sie bleiben im Nest sitzen und werden von ihren Eltern versorgt. Gänsebabys heißen Gössel und man nennt sie auch Nestflüchter. Sie kommen mit Federn zur Welt, haben die Augen geöffnet und können gleich hinter den Eltern herlaufen und schwimmen.

»Das ist ungerecht«, ärgerte sich Schorsch und schubste eine Haselnuss an. Sie kullerte vorwärts und blieb vor dem Erdloch liegen.

»Tja«, sagte Herr Günter und schubste eine andere Nuss an. Sie stieß an Schorschs Nuss, und beide klackerten zusammen ins Murmelloch. »Gewonnen!«, freute sich der Gänserich.

In diesem Moment verdunkelte ein großer Schatten die Wiese.

»Vogelalarm«, schrie Schorsch, und Monika verzog sich schnell in ihrem Häuschen. Der kleine Regenwurm versuchte hektisch, sich im Murmelloch zu verstecken. Aber leider lagen da schon die Haselnüsse und versperrten ihm den Weg.

Nur Herr Günter blieb gelassen auf der Wiese sitzen und gab weiter an. »Pah! Ich bin klug genug zu wissen, dass dieser Vogel keinem von uns gefährlich werden kann.«

Und da hatte Herr Günter wieder einmal recht. Denn neben ihm landete die pummelige Graugans Gertrud. Und Gertrud war nicht irgendeine Gans, sondern seine Mutter.

»Mein Günti!«, sagte sie und zupfte an seinem Federkleid herum. »Du hast dich mit grüner Soße bekleckert.«

»Aber Mutti!«, rief Herr Günter verlegen. Ihm gefiel es überhaupt nicht, dass ihm seine Mutter den Schnabel putzte. Schon gar nicht, wenn Regenwurm Schorsch dabei zusah. Dann band sie ihm auch noch ein Lätzchen aus einem Rhabarberblatt um. Herr Günter protestierte. Er war doch kein Küken mehr!

»Sind das deine Freunde?«, wollte Gertrud wissen und stellte sich vor. Nun traute sich Monika wieder aus ihrem Häuschen heraus.

»Sie sind bestimmt ganz stolz auf Ihren klugen Sohn«, vermutete sie.

Gertrud nickte lächelnd. »Aber natürlich!«

Herr Günter reckte den Schnabel höher und drückte seine Gänsebrust mit dem Lätzchen heraus.

»Hach«, seufzte Monika. »Ich weiß leider noch nicht so viel. Ich wäre gerne auch so klug wie Herr Günter.«

Gertrud tätschelte das Schneckenhäuschen. »Keine Sorge, das kommt noch, Monika«, versprach sie. »Als mein Günti ein kleines Gänsebaby war, war er auch noch ein Dummerchen.«

»Aber Mutti!« Herr Günter riss sich empört das Lätzchen ab. »So etwas will ich nicht hören!«

»Aber ich!«, rief Schorsch und rückte neugierig näher. »Da muss ich gleich mal meine Ohren spitzen, damit ich nichts verpasse!«

»Ein Regenwurm hat keine Ohren«, sagte Herr Günter patzig. »Musst du immer diese peinlichen Geschichten erzählen, Mutti?«

»Du bist so ein süßes Küken gewesen!« Liebevoll zerzauste Gertrud Herrn Günters Federn, während er vergeblich versuchte, sich zu wehren.

Monika staunte. Der große Herr Günter sollte einmal ein kleines Küken gewesen sein? Um sich das vorzustellen, brauchte Monika wirklich sehr viel Fantasie. Schorsch prustete vor Lachen: »Herr Günter und süß! Das glaub ich nicht!«

»Wartet, ich zeig es euch!« Gertrud steckte den Kopf in das verwilderte Gebüsch neben der Brombeerhecke und murmelte: »Hier war einmal unser altes Nest, das muss doch noch irgendwo sein ... Ha! Ich hab es!«

Versteckt zwischen Sträuchern und blühendem Gras lag ein großes Gänsenest. Es war kunstvoll aus Stroh und Grashalmen geflochten, ein wenig zerzaust von

Wind und Wetter, aber noch gut erhalten. Im Inneren war es sorgsam mit Daunenfedern und Papierfetzen aus einem alten ABC-Buch ausgepolstert. Monika versuchte, die Buchstaben zu entziffern. Leider konnte sie noch nicht lesen.

»Kein Wunder, dass Sie so klug sind, Herr Günter!«, seufzte sie bewundernd.

Gans Gertrud durchstöberte mit ihrem Schnabel das Nest. Schließlich fand sie, wonach sie suchte. Sie zog ein altes Fotoalbum heraus und blätterte darin. Auf der ersten Seite klebte ein Bild von einem Ei, liebevoll umarmt von Mutti Gertrud und Vati Günter.

Gänse leben, bis die Jungtiere erwachsen sind, in Familien zusammen. Das Grauganspaar bleibt sich ein Leben lang treu.

Monika rief begeistert: »Ich war auch mal in einem Ei!«

»Aber nicht in so einem dicken Ei«, bemerkte Schorsch und grinste.

»Mein Ei war nicht dick. Es war lediglich stattlich«, stellte Herr Günter klar.

Gertrud blätterte die nächste Seite auf und verriet: »Als mein Günti noch im Ei war, durfte ich mich nicht vom Nest wegbewegen! Es war nämlich sehr wichtig, dass er nach dem Schlüpfen als Allererstes mich sah.«

Eine Babygans, erklärte sie, hält nämlich denjenigen, den sie als Erstes sieht, für ihre Mama. Und hinter dem läuft sie dann her.

»Stellt euch mal vor«, Monika gluckste, »wenn da gerade ein Igel vorbeigekommen wäre!«

Junggänse werden auf das geprägt, was sie zuerst erblicken. Das bedeutet, sie halten denjenigen, den sie als Erstes nach dem Schlüpfen sehen, für ihre Mama, der sie überallhin folgen.

»Oder wenn Herr Günter mich als Erstes gesehen hätte!«, Schorsch kringelte sich vor Lachen.

»Was bitte ist daran lustig?«, fragte Herr Günter beleidigt.

Mit ihrer Fantasie stellten sie sich vor, wie Baby Günter hinter einem Regenwurm herkrabbelte. Alle mussten lachen, nur Herr Günter nicht, denn er hatte ja keine Fantasie.

»Dann hätten Sie alles von mir lernen müssen!«, sagte Schorsch zufrieden. »Dann wäre ich nämlich mal der gewesen, der mehr weiß!«

»Pah!«, machte Herr Günter. »Was könnte ich schon von einem Regenwurm lernen.«

Schorsch überlegte, was er am besten konnte. »Prima schimpfen und Löcher buddeln?«

»So einen Unsinn will ich gar nicht lernen!«, sagte Herr Günter hochmütig.

Monika überlegte, ob es etwas gab, das Herr Günter von ihr lernen konnte. »Ich könnte Ihnen beibringen, wie man eine glitschige Schleimspur macht!«, sagte sie stolz.

Herr Günter reckte seinen Schnabel in die Luft. »Pah! Ihr könnt mir nichts beibringen. Ich war schon als kleines Küken klüger als ihr beide zusammen.«

Nun hatte Schorsch wirklich genug. »Sie oller Angeber!«, regte er sich auf. »Jetzt reicht es mir aber!« Beleidigt buddelte er ein sehr tiefes Loch und verschwand unter der Erde.

Monika zog traurig ihre Fühler ein. Vielleicht hatte Herr Günter ja recht? »Ich bin wohl wirklich noch ziemlich dumm und kann nichts Besonderes«, sagte sie leise und verkroch sich in ihr Schneckenhaus.

Gertrud sah Herrn Günter vorwurfsvoll an. Der zuckte nur mit den Flügeln. »Na und?«, sagte er. »Dann bleibt mehr Löwenzahn für mich.« Er zupfte sich eine gelbe Blüte ab und verschlang sie. Dann fraß er Klee und Gänseblümchen und Sauerampfer.

Zum Schluss machte er einen kleinen Rülpser und stellte fest: »Ich glaube, ich bin halbwegs satt.«

Gänse müssen fast den ganzen Tag fressen, weil ihre Nahrung nicht sehr energiereich ist. Sie können außerdem nur ein Viertel der Nahrung verwerten. Der Rest kommt als Gänseklecks hinten wieder raus.

Herr Günter blickte sich um. Seine Mutter döste in dem alten Gänsenest. Sie hatte ihren Hut über die Augen gezogen und hielt Mittagsruhe. Herr Günter begann, sich zu langweilen. Schließlich rief er: »Schorsch? Wusstest du, dass Haselnüsse gut für die Knochen sind?« Alles blieb still. Dann sagte Herr Günter: »Ein Regenwurm hat keine Knochen.« Niemand antwortete. Herr Günter versuchte es weiter: »Monika? Wollen wir weiter Haselnussmurmeln spielen?« Nichts rührte sich. Herr Günter schubste eine Haselnuss an und traf genau ins

Loch. »Ich hab gewonnen!«, jubelte er. Niemand antwortete.

»Mutti!«, rief Herr Günter. Gertrud schreckte hoch und blickte sich verwundert um. »Mutti!«, beschwerte sich Herr Günter bei ihr. »Die anderen sind gemein. Ich habe sie gerufen, aber sie kommen einfach nicht.«

Gertrud streckte sich und hüpfte aus dem Nest heraus. »Und wie kann ich dir da helfen?«, wollte sie wissen.

Herr Günter überlegte. »Na ja ...«, sagte er. »Du könntest mit ihnen schimpfen und sagen, dass ich recht habe.«

Gertrud schüttelte ihr Gefieder. »Das kann ich leider nicht«, sagte sie bedauernd. »Du hast nämlich unrecht, Günti!«

Herr Günter plusterte sich empört auf. »Das kann gar nicht sein!«, sagte er entrüstet. »Ich habe immer recht. Weil ich ein ganz besonderer und einzigartiger Gänserich bin!«

Gertrud tätschelte seinen Kopf. »Das bist du auch!«, versicherte sie ihm. »Aber jeder ist etwas Besonderes und einzigartig. Auch eine kleine, neugierige Schnirkelschnecke wie Monika.«

Herr Günter wurde nachdenklich. Seine Mutter hatte

recht. Monika stellte immer viele Fragen, auf die er etwas Kluges antworten konnte. Herr Günter gab sehr gern kluge Antworten. Gänsemutter Gertrud fuhr fort: »Und ein fantasievoller Regenwurm wie Schorsch ist auch etwas Besonderes.«

»So ein Unsinn!«, regte sich Herr Günter auf. »Wer braucht schon Fantasie.«

»Du natürlich!«, sagte Gertrud. »Wenn du Fantasie hättest, dann wüsstest du, wie sich deine Freunde fühlen. Niemand ist gern mit jemandem zusammen, der immer alles besser weiß.«

Herr Günter strengte seinen Kopf an, bis sich die Federchen am Hinterkopf sträubten. Er hatte leider wirklich nicht sehr viel Fantasie. »Stell dir mal vor«, half ihm seine Mutter, »ein Storch würde hier auftauchen, der klüger ist als du und ständig damit angibt.«

»Das wäre schrecklich!«, rief Herr Günter entsetzt. »Mit dem würde ich nichts zu tun haben wollen!« Er war ganz aufgeregt. Und plötzlich begriff Herr Günter, warum Monika nicht aus ihrem Häuschen herauskommen wollte und Schorsch sich unter der Erde versteckte. Was hatte er da nur angerichtet! Er musste die Sache unbedingt wieder hinbiegen. Wenn er bloß wüsste, wie! Herr Günter kratzte sich am Bauch und am Bürzel. Er legte den Kopf schief und klapperte mit dem Schnabel. Aber ihm fiel leider nichts ein. Da wusste er nun so ziemlich und überhaupt fast alles, bloß nicht, wie man sich mit einer kleinen Schnirkelschnecke und einem empfindsamen Regenwurm versöhnen konnte. Herr Günter war ganz verzweifelt.

»Man muss nicht alles wissen«, tröstete ihn Gertrud. »Man muss nur wissen, wen man im Notfall um Rat fragen kann.«

»Dann frage ich meine Mutti!«, rief Herr Günter erleichtert.

»Eine gute Wahl«, fand Gertrud. »Es ist ganz einfach. Du musst dich nur bei deinen Freunden entschuldigen!«

Herr Günter ging zu dem gelbbraunen Schneckenhäuschen, das einsam im Moos lag, und schubste es vorsichtig mit dem Schnabel an. »Monika?«, fragte er zaghaft. »Bitte entschuldige ...« Er hatte noch gar nicht zu Ende gesprochen, da kam die kleine Schnecke schon aus ihrem Häuschen gekrochen.

»Ach!«, rief sie. »Ich bin so froh, dass wir uns wieder vertragen haben!«

Nun fehlte nur noch Schorsch. Herr Günter klopfte mit dem Schnabel auf die Erde und sagte: »Schorsch? Ähm ... Es tut mir leid.«

Schorsch hockte direkt unter Herrn Günter in einer Höhle und hatte beleidigt einen Knoten aus sich selbst gemacht. »Ich kann Sie nicht verstehen. Sie müssen lauter reden!«, forderte er.

»Es tut mir leid!«, rief Herr Günter.

»Ich höre immer noch nichts«, brummte Schorsch in seinem Erdloch.

Herr Günter nahm ein großes Rhabarberblatt und formte daraus eine Flüstertüte. Die hielt er sich vor den Schnabel und schrie hinein: »Es tut mir leid!!!« Seine Stimme dröhnte so laut, dass die Spatzen aus dem Haselnussbusch aufstoben.

Endlich tauchte Schorsch wieder auf. »Haben das auch alle im Garten gehört?«, fragte er vergnügt.

Monika kicherte. »Ich glaube, das hat man sogar auf der anderen Seite des Gartenzauns gehört.«

Herr Günter sah glücklich auf Monika und Schorsch hinab. »Ihr seid wieder da!«, sagte er und hätte fast geschluchzt vor Freude. »Wollen wir jetzt weiter mit den Murmeln spielen?«

»Ach, na ja«, sagte Monika verlegen, und Schorsch brummelte: »Nö, lieber nicht ...«

Enttäuscht guckte Herr Günter zu seiner Mutter. Sie lächelte: »Vielleicht liegt es daran, dass du immer gewinnst?«

»Ein Gänserich gegen einen Regenwurm, das ist einfach ungerecht!«, stellte Schorsch fest.

Gertrud gab ihm recht: »Das stimmt. Wenn es gerecht zugehen soll, musst du spielen wie ein Regenwurm, Günti! Und zwar ohne Füße!«

Herr Günter warf sich auf seinen stattlichen Bauch, dass die Erde bebte, und robbte vorwärts. Monika feuerte ihn an. Es dauerte trotzdem ziemlich lange, bis er eine Haselnuss erreicht hatte. Er wollte die Nuss ins Ziel schieben und holte mit seinem Flügel aus. Da rief Schorsch: »Halt! Ein Regenwurm hat keine Flügel!«

»Das stimmt!«, pflichtete ihm Monika bei. Herr Günter robbte noch ein wenig näher und reckte seinen Schnabel.

»Halt!«, rief Schorsch schon wieder. »Ein Regenwurm hat auch keinen Schnabel!«

Herr Günter ließ den Kopf auf den Boden sinken. Das Leben eines Regenwurms war wirklich sehr anstrengend. Wie sollte er denn ohne Füße, Flügel und Schnabel eine Murmel anschubsen?

»Schorsch kickt die Murmeln mit seinem Regenwurmschwanzspitzenzipfelchen«, verriet ihm Monika.

Der Gänserich drehte sich schwerfällig um. Dann gab er der Nuss mit seinem Bürzel einen ungeschickten Schubs. Die Nuss kullerte nicht weit genug und blieb bei Monika liegen. Monika schob sie mit ihren Fühlern an, aber sie zielte schlecht, und die Nuss sauste am Zielloch vorbei. Da übernahm Schorsch, dribbelte mit seinem Regenwurmschwanzspitzenzipfelchen und versenkte die Nuss sicher im Loch.

»Juhu«, jubelten alle drei. »Wir haben es gemeinsam geschafft! Wir haben gewonnen!«

Herr Günter richtete sich ächzend wieder auf. Seine Mutter klopfte den Staub von seinem Gefieder. Sie fand, dass die Gewinner unbedingt eine Medaille bekommen mussten! Schnell pflückte sie drei goldgelbe Löwenzahnblüten und bat Monika, ein wenig Schneckenschleim daraufzusabbern. Dann heftete Gertrud jedem der Sieger eine goldene Medaille an. Eine für Monika, eine für Schorsch und eine für Herrn Günter. Alle drei waren so stolz!

Die Sonne ging langsam unter, und selbst die kleine Schnecke warf einen langen Schatten.

»Ich bin müde«, erklärte Gertrud.

»Dann sollten wir zurück zum Gänseteich fliegen«, stimmte Herr Günter ihr zu. Er setzte noch einmal die Flüstertüte aus dem großen Rhabarberblatt an und rief: »Achtung! Bitte die Startbahn räumen!«

Panisch stürzten alle Käfer und Ameisen zur Seite, denn sie wussten schon, was nun kam: Herr Günter nahm auf der Wiese Anlauf. Mit wackelndem Bürzel rannte er los. Er wurde schneller, hopste ein paarmal in die Luft und schrammte mit seinem stattlichen Bauch über die Wiese. Dann endlich hob er ab. Gertrud folgte ihm.

Als die Gänse verschwunden waren, sagte Monika: »Gute Nacht, mein allerliebster Lieblingsregenwurm!«, und kroch in ihr Häuschen. Auch Schorsch verzog sich gähnend in seinen Wohngang.

Nur einen Moment später landeten Herr Günter und

So fliegen Gänse

Gänse brauchen
wie Flugzeuge eine Startbahn.

Sie müssen Anlauf nehmen und können erst starten, wenn sie genug Geschwindigkeit haben.

seine Mutter auf dem Gänseteich hinter dem Gartenzaun. Sie schliefen nämlich nicht in einem Bett, sondern ließen sich von den Wellen in den Schlaf schaukeln. Das Wasser kühlte ihre Bäuche. Im Mondlicht betrachtete Herr Günter die Medaille auf seiner Gänsebrust. Sie duftete so gut nach Löwenzahn! Herr Günter konnte nicht anders, er fraß sie einfach auf. Dann steckte er seinen Kopf unter den Flügel und schlief zufrieden ein.

Gänse schlafen auf dem Wasser. Sie gehen dabei nicht unter, weil sie einen eingebauten Schwimmring haben: In ihrem dicken Gefieder ist viel Luft. Zusätzlich reiben sie es täglich mit Öl aus ihrer Bürzeldrüse am Ende des Rückens ein, damit das Wasser abperlt.

4.

Wir sind gleich und doch verschieden!

Wer als Erster da ist!«, rief Regenwurm Schorsch und begann, eilig loszukriechen. Zusammenziehen, strecken, zusammenziehen, strecken! Neben ihm kroch die kleine Schnecke Monika Häuschen. Sie waren an der Brombeerhecke gestartet, das Ziel lag zum Greifen nah. Es war ein prächtiger Löwenzahn, der am Gartenzaun wuchs.

Direkt daneben wartete schon ungeduldig Herr Günter. Er wedelte mit der Zielflagge aus einem spitzen Sauerampferblatt herum und feuerte sie an: »Beeilt euch! Ich will meinen Nachtisch! Schnell!«

Wer braucht wie lange für 100 Meter?

Schnecke:
35 Stunden

Mensch:
10 Sekunden

Gepard:
6 Sekunden

»Ich bin eine Schnecke«, keuchte Monika. »Bei mir geht nichts schnell.«

»Wir schaffen das!«, spornte Schorsch sie an, und Monika rutschte noch ein wenig schneller voran. Wenn man nicht allein so langsam wie eine Schnecke war, machte ein Wettkriechen wirklich Spaß.

Eine ganze Weile später erreichten sie endlich gemeinsam die Ziellinie. »Gewonnen!«, riefen Schorsch und Monika gleichzeitig.

Herr Günter wedelte mit den Flügeln. Die Zielflagge hatte er längst gefressen. »Und jetzt gibt es endlich Nachtisch!«

Alle drei stürzten sich auf den Löwenzahn. Die Blüten schmeckten sehr süß. Monika schmatzte und sagte stolz: »Wir waren gleich schnell!«

»Kein Wunder«, fand Schorsch. »Wir benutzen beide dieselbe Kriechtechnik!«

»So ein Unsinn!«, sagte Herr Günter. »Eine Schnecke kriecht vollständig anders als ein Regenwurm.«

»Quark mit Quatschsoße«, fand Schorsch. »Wir sind uns sehr ähnlich! Deswegen sind wir auch die besten Freunde.«

Er kroch neben Monika und legte sein Regenwurm-

Schnecken machen beim Kriechen mit den Muskeln in ihrem Saugfuß Wellen von hinten nach vorne. So rutschen sie auf ihrer Schleimspur vorwärts.

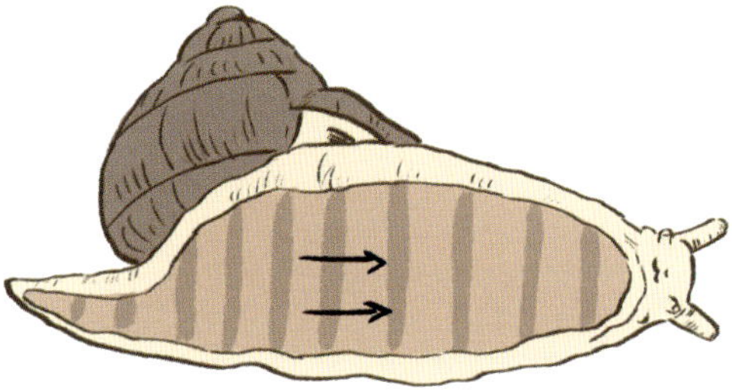

schwanzspitzenzipfelchen auf ihr Häuschen. Sie waren beide sehr klein. Und sie hatten keine Arme und keine Beine, und beide liebten die Feuchtigkeit. Schorsch zog einen Grashalm herab. An der Spitze glitzerte ein Tropfen. Monika sperrte ihren Mund auf, und Schorsch ließ den Wassertropfen hineinfallen. Die kleine Schnecke lächelte. »Du bist mein allerliebster Lieblingsregenwurm!«

»Sehen Sie?«, sagte Schorsch zu Herrn Günter. »Ich habe Monika am allerliebsten! Weil wir so viel gemeinsam haben.«

Herr Günter ärgerte sich. Er hatte Monika nämlich auch sehr lieb. Jetzt zerbrach er sich den Kopf, was er mit ihr gemeinsam haben könnte. Endlich wusste er es!

»Wir haben auch etwas gemeinsam!«, verkündete er. »Wir fressen beide gern Salatblätter.«

Er biss in das letzte Löwenzahnblatt und ließ ein kleines Zipfelchen übrig. »Ich gebe dir etwas von meinem Nachtisch ab, Monika«, sagte er großmütig.

»Oh!«, freute sich die kleine Schnecke. »Wie nett von Ihnen! Sie sind mein allerliebster Graugänserich!«

Sie zerkleinerte das weiche Blättchen sehr sorgfältig und bedächtig.

»Siehst du«, sagte Herr Günter stolz zu Schorsch, »ich habe Monika viel lieber als du!«

»Quark mit Quatschsoße!«, meckerte Schorsch. »Ich hab Monika lieber.«

»Dann beweise es!«, forderte der Graugänserich.

Schorsch hob einen rund geschliffenen Kieselstein auf und schenke ihn Monika. »So lieb hab ich dich!«, sagte er.

Monika gefiel das Steinchen sehr gut. Sie legte es zu den vielen anderen Steinchen, die Schorsch ihr schon geschenkt hatte.

»Pah!«, machte Herr Günter. »Ich schenke Monika etwas viel Besseres! Weil ich sie lieber habe!«

Erwartungsvoll sah Monika Herrn Günter an. »Nicht gucken!«, forderte er, und Monika kniff die Augen zu. Herr Günter schob sie sanft an den Gartenzaun, genau vor ein Astloch. »Ich schenke dir eine Reise auf die andere Seite des Gartenzauns!«, versprach Herr Günter feierlich.

Monika öffnete die Augen. Direkt vor ihr befand sich ein dunkles Astloch. Kalte Luft zog heraus. Ein Spinnenfädchen zitterte darin. Schorsch hatte behauptet, dass hinter dem Gartenzaun die Welt aufhörte. Und Herr Günter sagte, dass die Welt dort anfing. Beides war ihr nicht geheuer. Sie traute sich nicht, in das dunkle Loch hineinzugucken. Schorsch dagegen war nicht so ängstlich. Er linste hindurch und war ganz begeistert. »Eine Abenteuerreise! Juhu! Ich komme mit!«

»Aber ich nicht!«, sagte Monika entschieden. »Das ist bestimmt gefährlich! Da mach ich nicht mit.« Sie rutschte weit weg von dem Astloch und sagte: »Wer mich lieb hat, spielt mit mir Verstecken.«

»Na gut«, maulte Schorsch, denn er wollte Monika beweisen, wie lieb er sie hatte. Und auch Herr Günter willigte ein, aus demselben Grund.

Schorsch bedeckte sein Gesicht mit dem Regenwurmschwanzspitzenzipfelchen und begann zu zählen. Monika kroch gleich hinter den Kirschbaum. Herr Günter flatterte aufgeregt durch den Garten, auf der Suche nach einem passenden Ver-

steck. Während Schorsch zählte, schummelte er. Er schob nämlich sein Regenwurmschwanzspitzenzipfelchen in die Höhe und drehte es. Wie ein Spion konnte er damit um die Ecke gucken und beobachten, wo sich Herr Günter versteckte.

Superkraft Regenwurm:
Regenwürmer haben über die gesamte Körperoberfläche verteilt lichtempfindliche Zellen. Am Kopf sind es besonders viele.

»Ich komme!«, rief Schorsch. Zielsicher kroch er auf die Regentonne zu und sagte: »Ich hab Sie gefunden, Herr Günter. Ihr dicker Bauch guckt vor!«

»Mein Bauch ist nicht dick«, ärgerte sich Herr Günter. »Er ist lediglich stattlich!«

Schorsch kroch weiter und fand Monikas gelbbraun gebändertes Häuschen im Gras. Triumphierend rief er: »Gefunden! Ich hab gewonnen!« Als sich nichts rührte, klopfte er an. Es rappelte im Häuschen, dann erschienen zwei lange Fühler, und schließlich kroch die ganze Schnecke heraus. Sie sah ein bisschen aus wie Monika und doch ein bisschen anders.

»Hä?«, fragte Schorsch verwundert. »Wer bist du denn?«

Die Schnecke grinste frech. »Ich bin Simone.«

»Komm sofort raus da!«, meckerte Schorsch. »Das ist Monikas Häuschen! Gib es zurück!« Er zerrte an dem Häuschen, aber es saß sehr fest. Plötzlich glaubte Schorsch, Monika auf einem Salatblatt zu entdecken. Aber wie sah sie aus! Die fremde Schnecke schien ihr alles geklaut zu haben. Das Häuschen, den Hut und sogar die kleine Blume, die immer daran klemmte. Schorsch wickelte sich tröstend um sie herum und rief: »Meine arme Monika!«

»So ein Unsinn!«, sagte Herr Günter. »Das ist doch nicht unsere Monika! Eine Schnirkelschnecke kann ihr Häuschen nicht verlassen.«

Da erst merkte Schorsch, dass er sich um eine wildfremde Nacktschnecke gewickelt hatte. Die guckte ihn grimmig an und beschwerte sich: »Du störst mich beim Essen!«

Das Häuschen einer Schnirkelschnecke ist über zwei Muskeln fest mit der Schnecke verbunden und lässt sich nicht abstreifen.

Erschrocken ließ Schorsch los. »So ein Mist aber auch!«, rief er und schüttelte sich. Überall an ihm klebte Schneckenschleim.

Nacktschnecken haben kein Haus. Sie sind gerne im Gemüsegarten und fressen frischen Salat, während Gehäuseschnecken nur welke Blätter, Moos und Algen fressen.

In diesem Moment kam Monika hinter dem Kirschbaum hervor. »Gewonnen!«, rief sie fröhlich. »Du hast mich nicht gefunden!«

Schorsch blickte ungläubig von Monika zu Simone und wieder zurück. »Wollt ihr mich veräppeln?«, fragte er. Die beiden Schnecken sahen sich zum Verwechseln ähnlich.

»Ich bin Simone Häuschen«, sagte die fremde Schnecke.

Herr Günter begriff sofort, was das bedeutete. »Dann bist du die Schwester von Monika Häuschen!«

Monika strahlte. »Meine Schwester Simone ist zu Besuch gekommen! So eine Überraschung!«

Die Schneckenschwestern krochen aufeinander zu.

»Ihr seht euch wirklich sehr ähnlich«, stellte Herr Günter fest.

»Wir sind ja auch Siebenunddreißiglingsschwestern!«, sagte Simone stolz.

Schorsch guckte immer noch staunend von einer Schwester zur anderen. Sie waren einander ähnlich, aber doch nicht gleich. Beide waren klein, aber Monika war ein bisschen kleiner. Beide hatten ein gelbbraun gebändertes Schneckenhäuschen, aber Simones Streifen waren breiter. Sie trugen beide eine hübsche Blume an ihrem Hut.

Aber Monikas Blume war weiß und die von Simone blau.

»Das ist prima, dass ich dich getroffen habe«, sagte Simone. »Ich wollte nämlich Pläne für unseren Geburtstag machen!«

Monika und Simone hatten, wie sich das für Siebenunddreißiglinge gehört, natürlich am selben Tag Geburtstag. »Jetzt schon?«, wunderte sich Herr Günter. Es war noch eine ganze Weile hin, bis die beiden Schnirkelschnecken Geburtstag hatten.

»Man kann nie früh genug Geburtstagspläne machen«, behauptete Simone. »Au ja!« Auch Monika konnte es gar nicht erwarten. Es sollte eine große Party werden, denn immerhin würden dann ja 37 kleine Schneckengeschwister gemeinsam feiern.

Monika blickte sich im Garten um. »Wir brauchen hübschen Blumenschmuck!«, überlegte sie.

»Unbedingt!«, rief Simone. »Außerdem sollten wir Glühwürmchen bestellen, für die Beleuchtung am Abend.«

»Und wir werden alle einladen, die wir lieb haben!«, erklärte Monika feierlich.

Schorsch stupste Herrn Günter an. Ob sie wohl auch

damit gemeint waren? »Was ist denn los auf eurer Party?«, fragte er neugierig.

»Wir werden lustige Spiele machen!«, versprach Monika.

»Ja!«, rief Simone. »Blinde Kuh! Und Fangen!«

Schorsch flüsterte Herrn Günter zu: »Das klingt lustig. Hoffentlich bekomme ich eine Einladung.«

Herr Günter zuckte unschlüssig mit den Flügeln. »Was wird es denn zu essen geben auf eurer Party?«, fragte er.

»Leckeren Salat!«, rief Monika eifrig.

»Tautröpfchencocktail mit Löwenzahnschirmchen«, ergänzte Simone.

Herrn Günter lief das Wasser im Schnabel zusammen. »Salat und Tautröpfchencocktail!«, sagte er entzückt. »Ich möchte wirklich gern mitfeiern!«

Schorsch reckte sein Regenwurmschwanzspitzenzipfelchen in die Höhe und rief: »Ich auch, ich auch!«

Simone guckte die beiden skeptisch an. »Ihr wollt eine Einladung? Ich kenne euch ja noch gar nicht.«

Monika versicherte, dass Schorsch und Herr Günter ihre besten Freunde waren.

»Wir haben immer gute Laune!«, behauptete Schorsch.

»Und wir sind ausgesprochen unterhaltsam!«, ergänzte Herr Günter.

»Bitte, bitte, bitte!«, bettelte Monika.

Simone zog ein unschlüssiges Gesicht. Schorsch zerrte ein Blatt herunter, damit Simone ein Tautröpfchen davon schlecken konnte. Sie machte einen spitzen Mund und schlürfte es in einem Zug weg. Dann ließ sie einen lauten Rülpser ertönen. Schorsch kringelte sich vor Lachen. Herr Günter gab Simone ein Salatblatt. »Mhm!«, freute sich Simone. »Lecker.«

Monika sperrte ihren Mund ebenfalls auf, aber weder ein Tautropfen noch ein welkes Blättchen landeten darin. Schorsch und Herr Günter waren mit Simone beschäftigt. Sie staunten, wie schnell Simone die Blätter verputzte. Herr Günter betrachtete Simones Zunge und stellte fest: »Simone hat viel mehr Raspelzähne als du, Monika.«

Schnecken haben Raspelzähne auf ihrer Zunge. Sie wachsen von hinten ständig nach, sodass die Schnecke immer scharfe Zähne hat.

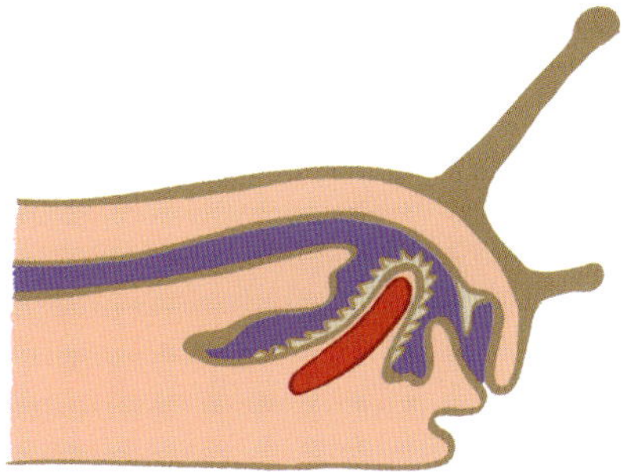

»Oh«, sagte Monika. Sie fühlte sich auf einmal ein wenig verloren, obwohl Schorsch und Herr Günter und auch Simone ja bei ihr waren.

»Was willst du denn spielen?«, fragte Schorsch nun die Schneckenschwester. »Du darfst dir etwas wünschen!«

»Aber wir haben doch eigentlich gerade Verstecken

gespielt!«, erinnerte Monika ihre Freunde, doch die hörten gar nicht zu. Simone kletterte auf einen dicken Grashalm und schaukelte. »Juhu!«, jubelte sie. »Los Monika, mach mit!«

»Nein danke, ich möchte nicht«, sagte Monika schüchtern.

»Ich hab keine Angst«, gab Simone an und kicherte. »Kein Wunder, ich bin ja auch eine Stunde älter als du.«

Schorsch bewunderte sie. »Du bist echt mutig, Simone!«, rief er begeistert. »Würdest du dich auch auf die andere Seite vom Zaun trauen?«

»Na klar!«, behauptete Simone.

Plötzlich dachte Monika, dass Simone und sie zwar gleich aussahen, aber wirklich sehr verschieden waren. Monika war ängstlich und Simone sehr mutig. Monika war fürsorglich und Simone ein wenig frech.

Schorsch und Simone alberten auf der Wiese herum. Herr Günter schubste den Grashalm an, an den sich die beiden klammerten. Sie schienen viel Spaß zu haben. Monika wurde traurig. Hatten Schorsch und Herr Günter ihre Schwester Simone etwa lieber als sie?

Simone rief: »Juhu! Ich lade meinen Schorschi zu meinem Geburtstag ein!«

»Aber es ist auch mein Geburtstag«, flüsterte Monika. »Und es ist auch mein Schorschi!« Am liebsten wäre sie ein Einzelkind gewesen, das seinen Geburtstag ganz für sich allein hatte. Wieso musste sie diesen schönen Tag und ihren besten Freund teilen? »Ich habe keine Lust mehr auf unseren Geburtstag«, sagte sie.

Simone schaukelte unterdessen immer wilder. Und obwohl Herr Günter sie davor warnte, knickte der Halm, und die beiden Reiter stürzten ab.

»So ein Mist aber auch!«, meckerte Schorsch.

Monika untersuchte das Schneckenhaus ihrer Schwester. Am Rand hatte es einen kleinen Knacks bekommen. »Das ist bestimmt gefährlich!«, machte sie sich Sorgen.

»Ach was«, widersprach Simone. »Das repariere ich gleich.« Sie sabberte kalkhaltigen Schleim auf die Stelle.

Schnecken können kleinere Beschädigungen an ihrem Häuschen selbst mit einem Kalkbrei reparieren.

Schorsch klopfte sich den Dreck ab und rieb sich den Kopf mit seinem Schwanzspitzenzipfelchen. »Ich glaube, ich hab mir alle Knochen gebrochen.«

»Ein Regenwurm hat keine Knochen!«, beruhigte Herr Günter ihn.

»Vielleicht spielen wir trotzdem lieber was anderes«, sagte Schorsch.

»Wir könnten doch weiter Verstecken spielen«, schlug Monika vor. »Ich weiß ein sehr gutes Versteck!«

»Du?«, fragte Simone, und Herr Günter behauptete: »Simone hat sicher das bessere Versteck.« Schorsch pflückte ein Gänseblümchen und schenkte es Simone.

»Weißt du, was ich glaube, Monika?«, fragte Simone. »Schorschi hat mich viel lieber als dich.«

Da platzte es aus Monika heraus: »Du doofe Schwester!« Alle guckten sie erschrocken an. Monika war doch noch nie wütend gewesen! Sie kroch davon, ohne sich umzudrehen. Sie würde allen beweisen, dass sie ein gutes Versteck kannte. Eins, dass niemand fand.

Simone nahm das Blümchen und begann zu zählen. Bei jeder Zahl riss sie ein Blütenblatt ab. Da sie nur bis drei zählen konnte, begann sie immer wieder von vorn. »Eins, zwei, drei, eins, zwei, drei ...«

Monika kroch in der Zwischenzeit auf den Kirschbaum.

»Soll ich dich ein Stück mitnehmen?«, fragte eine Eidechse, die gerade auf dem Weg nach oben war. Sie rannte immer höher, bis es nicht mehr weiterging und setzte Monika dort ab. Noch nie war die kleine Schnecke so weit oben gewesen! Sie zog ihre Fühler ein, weil sie Angst hatte, an die Wolken zu stoßen.

Direkt unter ihr bohrte sich Schorsch kopfüber in die Erde. Das Letzte, was Monika von ihm sah, war sein Regenwurmschwanzspitzenzipfelchen, dann war auch das verschwunden. Sie entdeckte Herrn Günter, der sich hinter der Gartenlaterne verstecken wollte, doch sein

Bauch und sein Bürzel ragten hervor. Dann versuchte er es unter der Gartenbank, aber er passte nicht darunter. Schließlich stellte er sich hinter die Gießkanne.

»Eins, zwei, drei!«, rief Simone unten auf dem Kiesweg. Das letzte Blütenblatt segelte zu Boden. »Ich komme!«

Der dünne Ast, auf dem Monika saß, schwankte im Wind, und sie bekam Angst. Wenn sie aus dieser Höhe herunterfiel, würde ihr Schnirkelschneckenhäuschen bestimmt einen Knacks bekommen. Einen, den man auch mit sehr viel Schneckenschleim nicht mehr reparieren konnte. Dabei fiel ihr ein, dass der Schleim auch ein sehr guter Kleber war. Sie sabberte ganz viel Schnirkelschneckenschleimleim auf die Rinde und klebte sich in der luftigen Höhe fest. Nun war sie sicher!

Superkraft Schnecke: Schneckenschleim dient der Fortbewegung, schützt vor dem Austrocknen und vor spitzen oder scharfen Gegenständen.

Unter ihr hatte Simone längst Herrn Günter und Schorsch entdeckt. Nur Monika konnte sie nicht finden. Simone guckte unter die Salatköpfe, spähte in das

Regenrohr und suchte unter der Brombeerhecke. Schließlich halfen Schorsch und Herr Günter, aber Monika blieb verschwunden.

Simone rief laut: »Komm raus, Monika! Du hast gewonnen!« Aber es kam keine Antwort.

Da entdeckte Schorsch eine glitzernde Schneckenschleimspur auf der Erde. »Hier ist sie langgekrochen!«, rief er aufgeregt. Wie Detektive verfolgten sie die Spur über die Terrasse und den Kiesweg bis zum Kirschbaum. Dort war besonders viel Schleim zu finden, und die Spur hörte in der Mitte des Stammes auf.

Schnirkel

Schnecken

Schleim

Leim

»Ist das etwa Blut?«, fragte Herr Günter entsetzt.

»So sieht doch kein Blut aus!«, sagte Schorsch.

»Sie haben wirklich keine Ahnung, Herr Günter. Blut ist blau!«, erklärte Simone.

»Keineswegs. Es ist zunächst durchsichtig!«, behauptete Herr Günter.

Schnecken haben durchsichtiges Blut, das sich an der Luft schnell blau färbt. Regenwürmer haben rotes Blut.

»Ich weiß es aber besser!«, beharrte Simone. »Blut ist blau!«

»Quark mit Quatschsoße«, rief Schorsch. »Blut ist rot!«

Herr Günter versuchte zu erklären, dass Schneckenblut ganz anders aussah als das von einem Gänserich und einem Regenwurm, aber Simone hörte nicht zu. »Blau, blau, blau!«, schrie sie und stampfte mit ihrem Saugfuß auf.

»Du bist eine ganz schöne Meckerschnecke«, stellte Schorsch fest.

»Auf einer meiner weiten und sehr bildenden Reisen ...«, begann Herr Günter, aber Simone unterbrach ihn. »Hören Sie doch auf mit Ihren langweiligen Schlaubergervorträgen. Hier geht es um meine Schwester!«

Beleidigt sagte Herr Günter: »Du weißt immer alles besser. Monika hört sich meine gelehrten Vorträge sehr gern an. Ich wünschte, sie würde endlich zurückkommen.«

»Ja«, rief Schorsch. »Wenn nur meine allerliebste Lieblingsschnecke Monika wieder da wäre!«

Monika konnte oben in ihrem Versteck alles hören. Ihre Freunde hatten sie ja doch lieb! Schnell wollte sie wieder aus ihrem Häuschen herauskriechen. Aber oh Schreck! Es ging nicht! Monika drückte und schob. Doch nichts passierte: Das Häuschen klebte fest auf dem Ast, und sie war im Inneren gefangen. Hatte sie etwa zu viel von ihrem Schnirkelschneckenschleimleim verwendet?

»Hilfe!«, rief Monika. »Hilfe! Hier oben bin ich!«

Die Freunde guckten sich suchend um und entdeckten endlich auf dem obersten Ast Monikas Schneckenhäuschen. »Ich bin gefangen! Holt mich runter!«, hörten sie Monikas Stimme dumpf aus dem Häuschen.

Aber das war gar nicht so einfach. Schorsch versuchte, am Baumstamm hinaufzukriechen, doch das ist für einen Regenwurm einfach unmöglich. Herr Günter nahm Anlauf und flatterte in die Höhe. Aber ein Gänserich ist ein Schwimmvogel mit breiten Gänseflossen. Er kann nicht auf einem Ast landen.

Da begann Simone, den Stamm hinaufzukriechen. »Halt aus, Monika!«, rief sie. »Ich bin bestimmt oben, bevor die Sonne untergeht.«

Als sie endlich das Schneckenhäuschen erreicht hatte, schluchzte Monika im Inneren. Simone tröstete ihre Schwester. »Wir machen das zusammen. Ich schiebe, und du drückst.« Nun war Monika froh, dass sie kein Einzelkind war und eine Schwester hatte, die sie nicht im Stich ließ. Simone schob mit aller Kraft, und Monika drückte. Plötzlich knackte es. Der Leim platzte ab, und Monika purzelte vom Ast herunter.

»Achtung!«, schrie Schorsch.

Herr Günter warf sich der Länge nach ins Gras und fing Monika mit seinem Bauch auf.

»Du bist geflogen, Monika!«, staunte Schorsch. Er wäre zu gern auch einmal geflogen. »Was war das Beste an dem Flug?«

»Die weiche Landung!« Monika strahlte.

Simone rief von oben: »He! Fängt mich auch einer auf? Ich krieche bestimmt nicht den ganzen Weg noch mal nach unten.«

Natürlich fing Herr Günter auch Simone auf.

»So«, sagte sie, als sie unten angekommen war. »Jetzt mache ich mich auf den Weg hinüber ins Dorf. Im Gar-

ten bei euch ist es ganz nett, aber auch ein bisschen langweilig. Ich komme wieder zur Geburtstagsfeier.« Sie kroch auf die Brombeerhecke und den Zaun zu und hatte es plötzlich eilig. »Bei den Nachbarn ist übermorgen eine Ameisenhochzeit«, erklärte sie. »Wenn ich rechtzeitig ankommen will, muss ich mich beeilen.«

Monika war ein bisschen traurig und winkte ihr mit den Fühlern nach. Sie freute sich schon auf ein Wiedersehen mit ihrer Schwester am Schnirkelschneckengeburtstag.

»Bloß gut, dass du unseren Garten nicht auch langweilig findest«, sagte Schorsch erleichtert. »Simone ist mir ein bisschen zu draufgängerisch.« Er rieb sich seinen Rücken, der immer noch vom Sturz wehtat.

Und Herr Günter fand: »Etwas neunmalklug ist sie auch. Ich finde, ihr beide seid euch kein bisschen ähnlich, Monika.«

Da verstand Monika, dass Simone gar nicht besser als sie war, nur eben anders. Sie waren gleich und doch verschieden. Wie alle Geschwister.

Nur ein Problem blieb noch. »Wer soll denn nun aber mit dir ein Abenteuer erleben, wenn Simone nicht mehr da ist?«, fragte sie.

»Na du natürlich«, sagte Schorsch. »Du bist so mutig! Du bist sogar durch die Luft geflogen.«

Herr Günter gab ihm recht. »Wer es wagt, auf den höchsten Ast im Garten zu kriechen, muss keine Angst vor der anderen Seite haben.«

Monika betrachtete ihre beiden besten Freunde. Langsam kroch sie zum Gartenzaun und nahm ihren ganzen Mut zusammen. Sie kniff die Augen zu und kam dem dunklen Loch ganz nah. Dann machte sie vorsichtig ein Auge wieder auf. Und plötzlich sah sie die ganze bunte weite Welt hinter dem Gartenzaun!

INHALT

SCHLAUBERGERVORTRAG VON HERRN GÜNTER

GRAUGANS

Was sind Graugänse?
Graugänse sind stattliche, große Vögel. Sie haben ein hellgraues, dichtes Gefieder und einen orangeroten Schnabel, der an den Rändern ein gezahntes Sieb besitzt. Damit können sie Futter aus dem Wasser filtern. Ihre Füße sind ebenfalls orangerot und haben Schwimmhäute.

Wo leben Graugänse und was fressen sie?
Graugänse sind Wasservögel und brüten ihren Nachwuchs gut versteckt im Schilf aus. Die Kleinen nennt man Gössel, die schon bald nach dem Schlüpfen schwimmen. Die Eltern bleiben ein Leben lang zusammen. Graugänse leben in großen Schwärmen mit anderen Gänsen. Sie ernähren sich vegetarisch, das heißt, sie fressen nur Pflanzen wie Gräser, Kräuter, Blätter, Obst und Samen und zwar in großen Mengen.